troisième édition

Pierre et Hugo

Yoko Ogasawara

HAKUSUISHA

音声ダウンロード

この教科書の音源は白水社ホームページ（www.hakusuisha.co.jp/download/）からダウンロードすることができます（お問い合わせ先：text@hakusuisha.co.jp）。

付属 DVD

付属 DVD と同じ内容をオンライン上で見ることができます（www.youtube.com/user/hakusuishapublishing/playlists）。

装丁・本文デザイン　森デザイン室
イラスト　小笠原 ふみ
DVD 撮影・編集　Xavier L'HOMME　中録新社
CDナレーション　Léna GIUNTA　Sylvain DETEY　Chris BELOUAD

はじめに

ピエールとユゴーはパリに住む中学 3 年生。ヴァカンスを利用してユゴーの叔母さんが住む南フランスの村に行き、さまざまな人に出会います。
本書は、なるべく楽しくフランス語を学ぶことを念頭において編まれた DVD 付の教科書です。下記の使いかたを参考にして、ぜひフランス語の世界に親しんでください。

DIALOGUE
DVD の映像を見て、ピエールやユゴーの会話をまねしながら一緒に南仏を旅しましょう。繰り返しが可能なポーズ入りヴァージョンもあります。

GRAMMAIRE
フランス語の文法にはクイズのようなおもしろさがあります。動詞の活用は DVD を使ってカラオケ式に覚えてしまいましょう。

EXERCICES
「書く」ことで、学んだ文法事項を確認していきます。最後はイラストを見ながら、書きとり問題をやってみましょう。

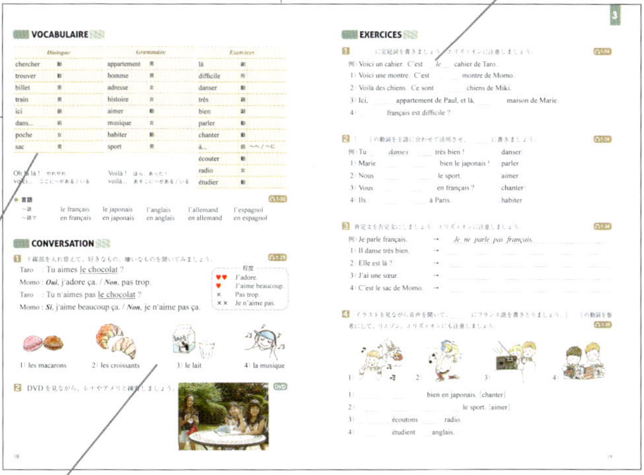

PRONONCIATION
左欄はおもにその課で学ぶ単語、右欄はおもに日本に入ってきているフランス語を DVD で紹介しています。綴り字と発音の規則を覚えましょう。

VOCABULAIRE
自分でつくる単語帳です。予習や復習におおいに活用してください。

CONVERSATION
その課で学んだ表現を使った会話練習です。DVD で、レナやアメリとも練習しましょう。

DVD の巻末には、CULTURE FRANÇAISE として、フランス各地の風景や生活習慣など、さまざまな姿を収録しました。本書で学んだみなさんにとって、フランス語やフランスとの出会いが、将来の大切な宝物のひとつになることを願っています。

2018 年 秋　　著者

1 アルファベ　alphabet

DVD 1-01

A a	**B b**	**C c**	**D d**	**E e**	**F f**	**G g**
[ɑ]	[be]	[se]	[de]	[ə]	[ɛf]	[ʒe]
H h	**I i**	**J j**	**K k**	**L l**	**M m**	**N n**
[aʃ]	[i]	[ʒi]	[kɑ]	[ɛl]	[ɛm]	[ɛn]
O o	**P p**	**Q q**	**R r**	**S s**	**T t**	**U u**
[o]	[pe]	[ky]	[ɛr]	[ɛs]	[te]	[y]
V v	**W w**	**X x**	**Y y**	**Z z**		
[ve]	[dubləve]	[iks]	[igrɛk]	[zɛd]		

2 発音記号と音

母音

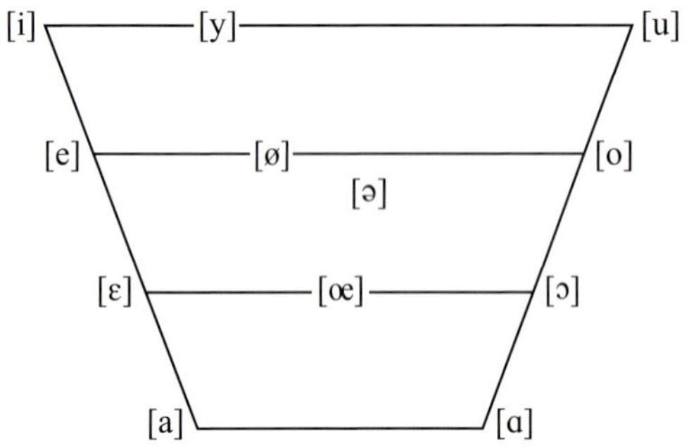

半母音

[j]　[ɥ]　[w]

鼻母音

[ɑ̃]　[ɛ̃]　[œ̃]　[ɔ̃]

子音

[p]	[f]	[t]	[s]	[ʃ]	[k]
[b]	[v]	[d]	[z]	[ʒ]	[g]
[m]		[n]			[ɲ]
		[l]			[r]

3 綴り字記号

アクサン・テギュ	´	vétéran
アクサン・グラーヴ	`	là
アクサン・スィルコンフレクス	^	crêpe
トゥレマ	¨	Noël
セディーユ	¸	garçon
アポストロフ（省略記号）	’	c’est
トゥレ・デュニオン（ハイフン）	-	États-Unis

4 綴り字の読みかた第一歩

DVD 1-02

1）語末の子音字は原則として発音しません。

例）chocolat　Paris　grand　prix

2）ただし、語末が c, f, l, r の場合は原則として発音します。

例）avec　chef　bol　pour

3）語末の e は発音しません。

例）texte　classe　adresse　artiste

4）単母音字（ひとつの母音字）は、単純にひとつの音で発音します。

a　à　â	[a] [ɑ]	例）	à la carte	âge	
i　î　y	[i]	例）	titre	style	
o　ô	[o] [ɔ]	例）	rose	potage	
é　è　ê	[e] [ɛ]	例）	café	crème	crêpe

＊単母音字 u は Leçon 1、綴り字記号のつかない e は Leçon 4 にあります。

綴り字の読みかたについては、各課の PRONONCIATION で規則を覚えていきます。

なお、「綴り字と発音の規則」の一覧は p.80~81 にあります。

5 あいさつ第一歩

1-03

Bonjour !	Bonsoir !	Salut !
Au revoir !	À bientôt !	À tout à l’heure !
Bon week-end !	Enchanté(e).	
Monsieur	Madame	Mademoiselle＊

＊行政文書での使用は 2012 年に廃止となっていますが、会話では使われます。

LEÇON 1

Nous sommes amis !

ぼくたち、友だちなんだ！

ピエールとユゴーはパリに住む中学生。大の仲良しです。

DVD 1-04

Pierre : Bonjour, je m'appelle Pierre.
Je suis français.

Hugo : Salut ! Moi*, Hugo.
Je suis français aussi.

Pierre et Hugo : Nous sommes amis !

* moi ⇒ L6

PRONONCIATION

1-05 DVD

u	[y]	salut	Hugo	début	flûte
ou	[u]	bonjour	nous	boutique	
au	[o]	aussi		sauce	
eau	[o]			château	
oi	[wa]	moi		croissant	boîte
ei	[ɛ]			Seine	
ai	[ɛ]	français		maison	

GRAMMAIRE

1 主語人称代名詞

	単数		複数	
1人称	je (j')	わたしは	nous	わたしたちは
2人称	tu	きみは	vous	きみたちは（tu の複数） あなたは（単数） あなたたちは（複数）
3人称	il	彼は / それは	ils	彼らは / それらは
	elle	彼女は / それは	elles	彼女らは / それらは

▶ 2人称の tu は親しい間柄（家族、友人など）で、vous は初対面の人、目上の人に対して使います。複数はともに vous です。

2 être の直説法現在

DVD 1-06

être ～である

je	suis	nous	sommes
tu	es	vous	êtes**
il	est*	ils	sont
elle	est*	elles	sont

***アンシェヌマン**
発音される語末の子音字を次の単語の語頭母音に連結して発音すること。
il est ~~[il] [ɛ]~~ → il est [ilɛ]
elle est ~~[ɛl] [ɛ]~~ → elle est [ɛlɛ]

****リエゾン**
発音されない語末の子音字を次の単語の語頭母音に連結して発音すること（語末子音字の音の変化 s → [z]）
vous êtes ~~[vu] [ɛt]~~ → [vuzɛt]
Nous sommes amis ~~[nu] [sɔm] [ami]~~ → [nusɔmzami]

3 国籍・身分・職業を言う

1-07

Il est étudiant.	彼は学生です。	Elle est étudiante.	彼女は学生です。
Ils sont étudiants.	彼らは学生です。	Elles sont étudiantes.	彼女らは学生です。

▶〈女性形 = 男性形 + e〉が原則です。例外については p.10 参照。
▶〈複数形 = 単数形 + s〉が原則です。
ただし語末が s の語は単複同形です。例）Il est ***français***. → Ils sont ***français***.

VOCABULAIRE

Dialogue		
être	動	
aussi	副	
et	接	
ami, *e*	名	

je m'appelle... 私の名前は〜です

◆ 数詞 0-10 1-08

0 zéro

1 un / une　2 deux　3 trois　4 quatre　5 cinq

6 six　7 sept　8 huit　9 neuf　10 dix

◆ 国民名 1-09

男性形	→	女性形	
français	→	française	……………………
japonais	→	japonaise	日本人
anglais	→	anglaise	イギリス人
allemand	→	allemande	ドイツ人
chinois	→	chinoise	中国人
itali***en***	→	italienne	イタリア人
coré***en***	→	coréenne	韓国人

◆ 身分・職業の名詞 1-10

男性形	→	女性形	
étudiant	→	étudiante	……………………
ami	→	amie	……………………
pâtissi***er***	→	pâtissière	パティシエ
infirmi***er***	→	infirmière	看護師
musici***en***	→	musicienne	音楽家
chant***eur***	→	chanteuse	歌手
act***eur***	→	actrice	俳優

＊国民名は語頭大文字ですが、「〜人です」のときは語頭小文字 (⇒ p.82)。

CONVERSATION

1 Taro と Momo の自己紹介です。例にならって自己紹介をしましょう。上記の国籍や職業を使って、架空の自己紹介もしてみましょう。 1-11

1)
Bonjour, je m'appelle Taro.
Je suis japonais.
Je suis étudiant.

2)
Enchantée, je m'appelle Momo.
Je suis japonaise.
Je suis étudiante.

2 例にならって、お礼の表現を練習しましょう。 1-12

Merci beaucoup, Monsieur.　– ***Je vous en prie***.
Merci, Momo.　– ***De rien. / Je t'en prie.***

3 DVD を見ながら、レナやアメリと練習しましょう。 DVD

EXERCICES

1 動詞 être の活用形に合う主語人称代名詞を ………… に書きましょう。 1-13

例） *Je* suis japonais.

1） ………… suis japonaise.
2） ………… es chinois ?
3） ………… es chinoise.
4） ………… est français.
5） ………… est française.
6） ………… sommes amis.
7） ………… sommes amies.
8） ………… êtes allemand ?
9） ………… êtes allemande ?
10） ………… êtes allemands ?
11） ………… sont anglais.
12） ………… sont anglaises.

2 指示された主語に変えて全文を書きましょう。 1-13'

例） Il est français. → Elle *est* *française*.
1） Il est italien. → Ils ………… …………….
2） Il est coréen. → Elle ………… …………….
3） Je suis étudiante. → Nous ………… …………….
4） Il est pâtissier. → Elle ………… …………….
5） Ils sont chanteurs. → Elles ………… …………….
6） Il est musicien. → Elles ………… …………….

3 イラストを見ながら音声を聞いて、………… にフランス語を書きとりましょう。アンシェヌマンに注意しましょう。 1-14

1） 
2） 
3） 
4） 

1） ………… ………… français.
2） ………… ………… étudiante.
3） ………… ………… pâtissiers.
4） ………… ………… japonaises.

LEÇON 2

Qu'est-ce que c'est ?

これはなに？

待望のヴァカンス。ピエールとユゴーは、南フランスに住むユゴーの叔母さんのところまで列車旅行をすることにしました。荷物が多すぎるユゴー、ピエールにチェックされています。

DVD 1-15

Pierre : Qu'est-ce que c'est ?
Hugo : C'est une carte de la* France.
Pierre : Qu'est-ce que tu as encore ?
Hugo : J'ai un guide touristique, un cahier, une montre, une boîte de chocolats, des vêtements, des lunettes de soleil...

* la ⇒ L3

PRONONCIATION

1-16 DVD

an, am	[ã]	France		pantalon		
en, em	[ã]	encore	vêtement	ensemble		
on, om	[ɔ̃]	bonjour	montre	salon	concours	
un, um	[œ̃]	un		lundi	parfum	
qu	[k]	qu'est-ce que		quatre	qui	question
gui	[gi]	guide				

GRAMMAIRE

1 不定冠詞　名詞の性と数

1-17

▶ 不定冠詞は数えられる名詞の前につけて、「ひとつの〜」「数個の〜」あるいは不特定の「ある〜」を表わします。

▶ フランス語のすべての名詞は、男性名詞か女性名詞に分かれています。名詞の前につける冠詞も、男性名詞には男性用の冠詞、女性名詞には女性用の冠詞、複数名詞には複数を表わす冠詞をつけます。

	男性名詞		女性名詞	
単数	**un** cahier	**un** ami	**une** montre	**une** amie
複数	**des** cahier**s**	**des** ami**s**	**des** montre**s**	**des** amie**s**

▶ 名詞の複数形は〈単数形＋ s〉が原則ですが、語末が eau の名詞には x をつけます（例：un gâteau → des gâteaux）。語末が s, x の語は単複同形です（例：un mois → des mois）。これらの s, x は発音しません。

2 形容詞の性と数

1-18

▶ 形容詞は形容される名詞の性・数に合わせます。女性名詞には女性形、複数名詞には複数形の形容詞をつけます（形容詞の性・数一致）。

▶ 女性形は〈男性形＋ e〉、複数形は〈単数形＋ s〉が原則です。

▶ 形容詞の位置は「名詞のあと」が原則です。

	男性形	女性形
単数	un cahier **bleu**	une montre **bleue**
複数	des cahiers **bleus**	des montres **bleues**

▶ 語末が e の形容詞は、男女同形です。un cahier *rouge* → une montre *rouge*

▶ grand(e) など、一部の形容詞は名詞の前につけます（p.14 参照）。その場合、不定冠詞複数 des は de になります。un **grand** cahier → ~~des~~ ***de*** **grands** cahiers

3 「これは / それは〜です」の表現

1-19

C'est un ami.（単数）　　　***Ce sont*** des amis.（複数）

4 avoir の直説法現在

DVD 1-20

avoir　持つ

j'*	ai	nous	avons
tu	as	vous	avez
il	a	ils	ont
elle	a	elles	ont

＊エリズィオン

je, ce, le, la, que などのあとに語頭母音の語がくると、e, a を省略して省略符号アポストロフ（ ' ）をつけること。

~~je~~ ai → **j'**ai　　~~le~~ ami → **l'**ami　　~~la~~ amie → **l'**amie

~~Que~~ est-ce que ~~ce~~ est ? → **Qu'**est-ce que **c'**est ?

VOCABULAIRE

Dialogue			montre	女		***Exercices***		
carte	女	地図 / カード	boîte	女		livre	男	
de...	前	～の	chocolat	男		chat	男	
France	女		vêtements	男	複	maison	女	
avoir	動		lunettes	女	複	sœur	女	
encore	副		soleil	男		frère	男	
guide	男	ガイドブック	***Grammaire***			fleur	女	
touristique	形		gâteau	男		chien	男	
cahier	男		mois	男	（暦の）月			

◆ **形容詞（1）** 男性形 → 女性形

bleu → ....
rouge → ....
vert → .... 緑の
noir → .... 黒い
rond → .... 丸い
blanc → blanche 白い

＊名詞の前に置く形容詞 1-21

grand → ....
petit → .... 小さい
joli → .... きれいな
beau, bel → belle 美しい
bon → bonne 良い
mauvais → .... 悪い

CONVERSATION

1 下線部をイラストのもの・人物と入れ替えて練習しましょう。

（1）Taro : ***Qu'est-ce que c'est ? / C'est quoi ?*** Momo : ***C'est un*** <u>caribou</u>. 1-22

un caribou

1）un smartphone

2）un orangina

3）des crayons

4）une trousse

（2）Taro : ***Qui est-ce ? / C'est qui ?*** Momo : C'est <u>Paul, un ami</u>. 1-23

1）Marie,
une amie

2）Monsieur Dubois,
un professeur

3）Florence,
une infirmière

4）Kenta,
un artiste

2 DVD を見ながら、レナやアメリと練習しましょう。 DVD

EXERCICES

1 (　　) に適切な不定冠詞を書き、その語句を複数にして ______ に書きましょう。 1-24

例)(*un*) livre vert → *des* *livres* *verts*

1)(　　) chat noir → ______ ______ ______

2)(　　) montre ronde → ______ ______ ______

3)(　　) boîte blanche → ______ ______ ______

4)(　　) petite maison → ______ ______ ______

5)(　　) bon étudiant → ______ ______ ______

2 [　　] で指示された主語と動詞 avoir の活用形を ______ に書きましょう。エリズィオンに注意しましょう。 1-24'

例) *Il* *a* une belle sœur. [彼は]

1) ______ ______ une grande maison ! [きみは]

2) ______ un frère et une sœur. [わたしは]

3) ______ ______ des amis français. [わたしたちは]

4) ______ ______ de bons amis. [きみたちは]

5) ______ ______ de jolies fleurs. [彼女らは]

3 イラストを見ながら音声を聞いて、 ______ にフランス語を書きとりましょう。アンシェヌマンに注意しましょう。 1-25

1) 
2) 
3) 
4) 

1) ______ ______ ______ chien blanc.

2) ______ ______ ______ fleur rouge.

3) ______ ______ ______ livres français.

4) ______ ______ ______ petits chats.

Leçon 3

Je ne trouve pas les billets...

切符がない…

駅構内。ユゴーの列車のチケットが見当たりません。

DVD 1-26

Pierre : Qu'est-ce que tu cherches ?
Hugo : Oh là là ! Je ne trouve pas les billets de train.
Pierre : Je cherche ici, dans la poche.
Hugo : Voilà ! Ils sont dans le sac.

PRONONCIATION

1-27 DVD

ch	[ʃ]	cherche	poche	chanson	chocolat
ill	[ij]	billet		fille	famille
ail	[aj]			travail	
eil	[ɛj]			soleil	
ain aim	[ɛ̃]	train		pain	faim
in im yn ym	[ɛ̃]			simple	symbole

GRAMMAIRE

1 定冠詞

1-28

	男性名詞		女性名詞	
単数	le sac	l'appartement	la poche	l'adresse
		l'homme*		l'histoire*
複数	les sacs	les appartements	les poches	les adresses
		les hommes*		les histoires*

＊h は常に発音されず、母音として扱う「無音の h」がほとんどです。子音扱いする語もわずかにあり、「有音の h」といいます。

▶ 定冠詞は、① 名詞を特定・限定する場合 ② 分野を総称する場合につける冠詞です。

① C'est un sac. C'est ***le*** sac de Taro.

② J'aime ***la*** musique.　J'aime ***les*** chats.

▶ 語頭が母音あるいは「無音の h」の名詞の前では、男性単数形 le、女性単数形 la はエリズィオンして **l'** になります。

2 -er 動詞の直説法現在

DVD 1-29 1-30

▶ 不定詞（動詞の原形）の語末が -er の動詞を「-er 動詞」あるいは「第 1 群規則動詞」といいます。主語の人称によって、つぎのように活用します。

chercher 探す			
je	cherche	nous	cherchons
tu	cherches	vous	cherchez
il	cherche	ils	cherchent
elle	cherche	elles	cherchent

aimer 愛する			
j'	aime	nous	aimons
tu	aimes	vous	aimez
il	aime	ils	aiment
elle	aime	elles	aiment

▶ aimer のように語頭が母音、あるいは habiter（住む）のように語頭が「無音の h」の動詞では、エリズィオン、アンシェヌマン、リエゾンに気をつけましょう。

3 否定文

1-31

▶ 動詞を **ne（n'）** と **pas** ではさむと否定文になります。

Je suis français.　→ Je ***ne*** suis ***pas*** français.

J'aime le sport.　→ Je ***n'***aime ***pas*** le sport.

▶ 否定文では、直接目的語「～を」につく不定冠詞 un, une, des は **de (d')** になります。

Tu as des frères ?　→ Non, je ***n'***ai ***pas de*** frères.

Tu as des amis français ?　→ Non, je ***n'***ai ***pas d'***amis français.

VOCABULAIRE

Dialogue		
chercher	動	
trouver	動	
billet	男	
train	男	
ici	副	
dans	前	
poche	女	
sac	男	

Grammaire		
appartement	男	
homme	男	
adresse	女	
histoire	女	
aimer	動	
musique	女	
habiter	動	
sport	男	

Exercices		
là	副	
difficile	形	
danser	動	
très	副	
bien	副	
parler	動	
chanter	動	
à	前	〜へ / 〜に
écouter	動	
radio	女	
étudier	動	

Oh là là ! やれやれ（困ったな）
voici... ここに〜がある / いる

Voilà ! ほら、あった！
voilà... あそこに〜がある / いる

◆ **言語** 1-32

〜語	le français	le japonais	l'anglais	l'allemand	l'espagnol
〜語で	en français	en japonais	en anglais	en allemand	en espagnol

CONVERSATION

1 下線部を入れ替えて、好きなもの、嫌いなものを聞いてみましょう。 1-33

Taro : Tu aimes le chocolat ?
Momo : ***Oui***, j'adore ça. / ***Non***, pas trop.
Taro : Tu n'aimes pas le chocolat ?
Momo : ***Si***, j'aime beaucoup ça. / ***Non***, je n'aime pas ça.

程度

♥♥	J'adore.
♥	J'aime beaucoup.
×	Pas trop.
××	Je n'aime pas.

1) les macarons

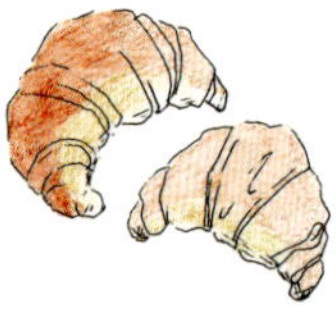

2) les croissants

3) le lait

4) la musique

2 DVD を見ながら、レナやアメリと練習しましょう。 DVD

EXERCICES

1 ______ に定冠詞を書きましょう。エリズィオンに注意しましょう。 1-34

例) Voici un cahier. C'est *le* cahier de Taro.

1) Voici une montre. C'est ______ montre de Momo.

2) Voilà des chiens. Ce sont ______ chiens de Miki.

3) Ici, ______ appartement de Paul, et là, ______ maison de Marie.

4) ______ français est difficile ?

2 [　　] の動詞を主語に合わせて活用させ、______ に書きましょう。 1-34'

例) Tu *danses* très bien ! [danser]

1) Marie ______ bien le japonais ! [parler]

2) Nous ______ le sport. [aimer]

3) Vous ______ en français ? [chanter]

4) Ils ______ à Paris. [habiter]

3 肯定文を否定文にしましょう。エリズィオンに注意しましょう。 1-34'

例) Je parle français. → *Je ne parle pas français.*

1) Il danse très bien. → ______

2) Elle est là ? → ______

3) J'ai une sœur. → ______

4) C'est le sac de Momo. → ______

4 イラストを見ながら音声を聞いて、______ にフランス語を書きとりましょう。[　　] の動詞を参考にして、リエゾン、エリズィオンにも注意しましょう。 1-35

1) 
2) 
3) 
4) 

1) ______ ______ bien en japonais. [chanter]

2) ______ ______ ______ le sport. [aimer]

3) ______ écoutons ______ radio.

4) ______ étudient ______ anglais.

Leçon 4

Ce train est direct !

この列車は直通だ！

家族との車旅行に慣れているピエールとユゴー、２人だけの列車旅行ではハプニング続き。直通に乗ってしまったようです。

DVD 1-36

Pierre : Ce train est direct !
Hugo : On fait comment ?
Pierre : Nous descendons au* terminus.
Hugo : D'accord, tu as raison, on n'a pas le choix.

* au ⇒ L5

PRONONCIATION

1-37 DVD

e の発音

語末の e	［発音しない］	carte montre	Seine potage
音節末の e	［発音しない］	vêtement [vɛt/mɑ̃]	promenade [prɔm/nɑd]
1 音節目末の e	[ə]	le ce	je menu
その他の e	[e] [ɛ]	des les terminus	ces merci

GRAMMAIRE

1 指示形容詞

1-38

▶名詞の前につけ、「この〜」「あの〜」と指示する形容詞です。

	男性		女性	
単数	ce train	cet avion* cet hôtel*	cette gare	cette étudiante
複数	ces billets	ces arbres ces hôtels	ces lunettes	ces étudiantes

＊語頭が母音あるいは「無音の h」の男性単数名詞の前では cet になります。

2 faire / descendre の直説法現在

DVD 1-39 1-40

faire 〜をする

je	fais	nous	faisons
tu	fais	vous	faites
il	fait	ils	font
elle	fait	elles	font

descendre 降りる

je	descends	nous	descendons
tu	descends	vous	descendez
il	descend	ils	descendent
elle	descend	elles	descendent

▶ descendre と同じパターンで活用する動詞に attendre（待つ）、entendre（聞こえる）などがあります。

▶ on は主語代名詞として nous の代わりに日常会話でよく使われます。活用は、il, elle と同形です。

on ***fait*** = nous ***faisons***　　on ***descend*** = nous ***descendons***

3 疑問文

1-41

1）イントネーションで　：Vous êtes français ? ↗

2）文頭に Est-ce que（qu'）をつけて：***Est-ce que*** vous êtes français ?
Est-ce qu'il est français?

3）主語と動詞を倒置して*　：① Êtes-vous français ?
② Parle-***t***-elle japonais ?
③ ***Marie*** parle-***t-elle*** japonais ?

＊倒置疑問文における注意

① 動詞と主語の間にハイフンを挿入

② 主語が il, elle で、動詞活用形の語尾が a か e の場合は動詞と主語の間に -t- を挿入

③ 主語が名詞の場合、名詞を代名詞にして倒置

VOCABULAIRE

Dialogue		
direct, *e*	形	
on	代	
faire	動	
comment	疑	
descendre	動	
terminus	男	
choix	男	

d'accord　了解 / OK

faire des courses　買い物をする

Grammaire		
avion	男	
gare	女	
hôtel	男	
arbre	男	
attendre	動	
entendre	動	

avoir raison　正しい

Exercices		
studio	男	
garçon	男	
fille	女	
brioche	女	
vélo	男	
voiture	女	
chambre	女	
enfant	名	

◆ 形容詞 (2)

1-42

男性形	→	女性形		男性形	→	女性形	
amour***eux***	→	amour**euse**	恋をしている	neu***f***	→	neu**ve**	新しい
heur***eux***	→	heur**euse**	幸福な	acti***f***	→	acti**ve**	活動的な
délici***eux***	→	délici**euse**	とてもおいしい	sporti***f***	→	sporti**ve**	スポーツ好きの
séri***eux***	→	séri**euse**	まじめな				

◆ 数詞 11- 40

1-43

11 onze　12 douze　13 treize　14 quatorze　15 quinze

16 seize　17 dix-sept　18 dix-huit　19 dix-neuf　20 vingt

21 vingt et un　22 vingt-deux　30 trente

31 trente et un　32 trente-deux　40 quarante

◆ 12 ヶ月 (les douze mois de l'année)

1-44

janvier　février　mars　avril　mai　juin

juillet　août　septembre　octobre　novembre　décembre

CONVERSATION

1 下線部を入れかえ、日付を聞いてみましょう。

1-45

Momo : ***On est le combien aujourd'hui ?***

Taro : On est le 11. Le 11 janvier.

1) 

2) 

2 誕生日を聞いてみましょう。

1-46

Momo : ***C'est quand ton anniversaire ?***

Taro : C'est le 24 décembre. Et toi ?

3) 

4) 

3 DVD を見ながら、レナやアメリと練習しましょう。

DVD

EXERCICES

1 ………… に適切な指示形容詞を書きましょう。 1-47

例) *Ce* studio est petit. *Cette* maison est petite.
1) ………… garçon est amoureux. ………… fille est amoureuse.
2) ………… croissants sont délicieux. ………… brioches sont délicieuses.
3) ………… vélo est neuf. ………… voiture est neuve.
4) ………… hôtel est grand. ………… chambre est grande.

2 [　　] の動詞を主語に合わせて活用させ、………… に書きましょう。 1-47'

例) Qu'est-ce que vous *faites* ? [faire]
1) Nous ………… des courses. [faire]
2) Terminus ! On ………… ! [descendre]
3) Tu ………… le train ? [attendre]
4) Je n'………… pas bien. [entendre]

3 指示された文を、① Est-ce que (qu') 疑問文 ② 主語と動詞の倒置疑問文にしましょう。 1-47'

例) Vous avez des enfants ? → ① *Est-ce que vous avez des enfants ?*
→ ② *Avez-vous des enfants ?*
1) Elle chante bien ? → ① …………
→ ② …………
2) Paul habite à Paris ? → ① …………
→ ② …………

4 イラストを見ながら音声を聞いて、………… にフランス語を書きとりましょう。 CD1-48

1) 

2) 
3) 
4) 

1) ………… étudiant est sérieux.
2) ………… sac est joli.
3) ………… fille ………… heureuse.
4) ………… garçons ………… sportifs.

LEÇON 5 Nous venons de Paris.

パリから来ました。

終点で降りたピエールとユゴー、目的地までヒッチハイクをすることにしました。

DVD 1-49

Conducteur : Où allez-vous ?

Hugo : Nous allons à Sarlat.

Conducteur : C'est bon. Montez !

Pierre et Hugo : Merci, Monsieur.

Conducteur : D'où venez-vous ?

Pierre : Nous venons de Paris.

PRONONCIATION

1-50 DVD

l と **r** の発音

allez		lit / riz	long / rond
Sarlat	merci	père	gratin
Paris		restaurant	vétéran

GRAMMAIRE

1 aller / venir の直説法現在

DVD 1-51 1-52

aller 行く			
je	vais	nous	allons
tu	vas	vous	allez
il	va	ils	vont
elle	va	elles	vont

venir 来る			
je	viens	nous	venons
tu	viens	vous	venez
il	vient	ils	viennent
elle	vient	elles	viennent

Où allez-vous ? — Je ***vais*** à Paris.　　D'où venez-vous ? — Je ***viens*** de Paris.

2 前置詞と定冠詞の縮約

1-53

1) 前置詞 à は、すぐあとに定冠詞 le, les がくると縮約します。la, l' は縮約しません。

Je vais ~~à le~~ musée. → **au** musée.
~~à les~~ Champs-Élysées. → **aux** Champs-Élysées.
à la poste.
à l'université.

~~à le~~	⇒	au
~~à les~~	⇒	aux
à la	⇒	à la
à l'	⇒	à l'

2) 前置詞 de は、すぐあとに定冠詞 le, les がくると縮約します。la, l' は縮約しません。

Je viens ~~de le~~ Japon. → **du** Japon.
~~de les~~ États-Unis. → **des** États-Unis.
de la gare.
de l'hôpital.

~~de le~~	⇒	du
~~de les~~	⇒	des
de la	⇒	de la
de l'	⇒	de l'

3 命令形

1-54

tu, nous, vous の活用形から主語をとりのぞくと、それぞれの人称に対する命令形になります。

例）descendre : ~~Tu~~ descends. → ***Descends !***
~~Nous~~ descendons. → ***Descendons !***
~~Vous~~ descendez. → ***Descendez !***

▶ 否定命令形 : Ne ***descends*** pas !

▶ -er 動詞と aller の tu に対する命令形は、活用形の語尾 s をとります。

~~Tu~~ monte~~s~~. → ***Monte !***　　~~Tu~~ va~~s~~ vite. → ***Va vite*** !

▶ être と avoir の命令形は例外です。

être : sois, soyons, soyez → ***Sois*** sage !
avoir : aie, ayons, ayez → N'***ayez*** pas peur !

VOCABULAIRE

Dialogue		
conducteur, trice	名	
où	疑	
aller	動	
monter	動	
d'où		
venir	動	
de...	前	〜から

Grammaire		
musée	男	
poste	女	
université	女	
hôpital	男	
vite	副	
sage	形	

Exercices		
marché	男	
cantine	女	食堂 / 売店
taxi	男	
café	男	カフェ / コーヒー
(auto) bus	男	
pied	男	
bureau	男	
métro	男	
hésiter	動	
ensemble	副	

C'est bon.　よろしい　　avoir peur　怖がる
parler plus fort　もっと大きな声で話す

◆ **国名**　1-55

la France　l'Angleterre　l'Allemagne　l'Italie　l'Espagne
le Canada　le Japon　la Corée　la Chine　les États-Unis

CONVERSATION

1 下線部をイラストの語句と入れかえ、「どのようにして」「どこから」来るのかを練習しましょう。　1-56

Taro　: Comment viens-tu à la fac*?　D'où viens-tu?

Momo : Je viens <u>en métro</u>, <u>de Kitamachi</u> .

* fac (faculité の略) : 学部、大学

1) en bus

2) en voiture

3) à vélo

4) en train

5) à moto

6) à pied

2 DVD を見ながら、レナやアメリと練習しましょう。　DVD

EXERCICES

1 ………… には動詞 aller の活用形を、(　　　) には〈前置詞 à + 定冠詞〉を書きましょう。 1-57

例) Tu ……*vas*…… (*au*) marché ?
1) Je ………… (　　　) cantine.
2) Nous ………… (　　　) hôpital en taxi.
3) On ………… (　　　) café !
4) Est- ce que vous ………… (　　　) Champs-Élysées ?

2 ………… には動詞 venir の活用形を、(　　　) には〈前置詞 de + 定冠詞〉を書きましょう。 1-57'

例) Je ……*viens*…… (*du*) Canada.
1) Tu ………… (　　　) gare en autobus ?
2) Nous ………… (　　　) hôtel à pied.
3) Marie ………… (　　　) bureau en voiture.
4) …………-vous (　　　) Champs-Élysées en métro ?

3 命令形にしましょう。 1-57'

例) Vous n'hésitez pas. → *N'hésitez pas.*
1) Vous parlez plus fort. → …………
2) Tu écoutes bien. → …………
3) Tu fais vite. → …………
4) Nous parlons en français. → …………

4 イラストを見ながら音声を聞いて、…………にフランス語を書きとりましょう。[　　] の動詞も参考にしましょう。 1-58

1) 
2) 
3) 
4) 

1) ………… vite ! [venir]
2) ………… ensemble ! [chanter]
3) ………… ………… la voiture ! [descendre]
4) ………… ………… la voiture ! [monter]

Leçon 6 Quel âge avez-vous ?

きみたち、何歳なの？

乗せてくれた運転手さんとの会話が弾みます。ぼくたちと同じ年齢の娘さんがいるんだって！

DVD 1-59

Conducteur : Vous êtes frères ?
Hugo : Ah non, pas du tout.
Conducteur : Quel âge avez-vous ?
Pierre : Moi, j'ai quatorze ans et lui, quinze ans.
Conducteur : Ah bon ! Ma fille a votre âge.

PRONONCIATION

1-60 DVD

u +母音字	[ɥ +母音]	lui	huit	nuance	nuit	
eu œu	[ø] [œ]	deux	neuf	bleu	fleur	sœur

GRAMMAIRE

1 所有形容詞

1-61

▶所有を表わす形容詞です。あとに続く名詞の性・数に応じて、つぎのようになります。

	男性単数	女性単数	男女複数
わたしの	**mon** père	**ma** mère (mon amie *)	**mes** parents
きみの	**ton** père	**ta** mère (ton amie *)	**tes** parents
彼（彼女）の	**son** père	**sa** mère (son amie *)	**ses** parents
わたしたちの	**notre** père	**notre** mère	**nos** parents
あなた（たち）の	**votre** père	**votre** mère	**vos** parents
彼（彼女）らの	**leur** père	**leur** mère	**leurs** parents

* ma, ta, sa は、語頭が母音あるいは「無音の h」の前では mon, ton, son になります。
× ~~ma~~ amie → ***mon*** amie

2 強勢形人称代名詞

1-62

主語	je	tu	il	elle	nous	vous	ils	elles
強勢形	**moi**	**toi**	**lui**	**elle**	**nous**	**vous**	**eux**	**elles**

▶つぎのような場合に用いられます。

1）主語を強調、あるいは単独で。　***Moi***, j'ai dix-neuf* ans et ***toi*** ?　＊発音上の注意：neuf ans [nœvɑ̃]

2）c'est のあとで。　Allô, c'est ***moi***. — C'est ***toi***, Taro ?

3）前置詞のあとで。　Elle va en** France avec ***lui***.　** en ⇒ p.82

Cette montre est à ***moi***.***　*** 〈être à ＋人〉：〜のものだ

3 疑問形容詞

1-63

▶「どの〜」「どんな〜」とたずねるときの形容詞です。

	男性		女性	
単数	**quel** garçon	**quel** âge	**quelle** fille	**quelle** adresse
複数	**quels** projets	**quels** étudiants	**quelles** fleurs	**quelles** étudiantes

Quel âge avez-vous ?

Quelle fille aimes-tu ?

Quels sont vos projets ?

Quelles sont les conditions ?

VOCABULAIRE

Dialogue		
âge	男	年齢、年代
an	男	〜歳、〜年
Grammaire		
père	男	
mère	女	
parents	男	複
allô		もしもし

avec	前	
projet	男	
condition	女	
Exercices		
famille	女	
penser à...	動	〜について考える
toujours	副	
prénom	男	

numéro	男	
portable	男	
pointure	女	
préférer	動	
langue	女	
grand-père	男	
grand-mère	女	

pas du tout　いや、全然
avoir ＋数詞＋ an(s)　〜歳である

Ah, bon !　あぁ、そう！

carte d'étudiant　学生証
cf. carte de la France（⇒ L2）

◆ 数詞 41-100

1-64

41 quarante et un	42 quarante-deux	50 cinquante
51 cinquante et un	52 cinquante-deux	60 soixante
61 soixante et un	62 soixante-deux	70 soixante-dix
71 soixante et onze	72 soixante-douze	80 quatre-vingts
81 quatre-vingt-un	82 quatre-vingt-deux	90 quatre-vingt-dix
91 quatre-vingt-onze	92 quatre-vingt-douze	100 cent

CONVERSATION

1 下線部をイラストの色に入れ替えて練習しましょう。　1-65

Momo : Tu préfères quelle couleur ?

Taro　: Je préfère <u>le vert</u>.

2 DVD を見ながら、レナやアメリと練習しましょう。　DVD

EXERCICES

1 主語と同じ人称の所有形容詞を ………… に書きましょう。 1-66

例) J'habite avec ……*mes*…… parents.

1) Tu cherches ………… frère ? — Oui, je cherche ………… frère.

2) Elle aime beaucoup ………… famille.

3) Nous aimons ………… maison et ………… chiens.

4) Vous avez ………… carte d'étudiant ?

2 適切な強勢形人称代名詞を ………… に書きましょう。 1-66'

例) C'est ton sac ? → Ce sac est à ……*toi*…… ?

1) C'est ma maison. → Cette maison est à ………….

2) Tu viens avec moi ? — Oui, je viens avec ………….

3) Tu penses à Paul ? — Oui, je pense toujours à ………….

4) …………, j'habite au Japon et …………, il habite en France.

3 適切な疑問形容詞を ………… に書きましょう。 1-66'

例) ……*Quel*…… est votre prénom ?

1) ………… est ton numéro de portable ?

2) ………… est votre pointure ?

3) ………… chanteurs préfères-tu ?

4) ………… langues parlez-vous ?

4 イラストを見ながら音声を聞いて、………… にはフランス語、(　　) には数字を書きとりましょう。 1-67

1)  2)  3)  4) 

1) ………… ………… de Marie, il a (　　) ans.

2) ………… ………… de Marie, elle a (　　) ans.

3) ………… ………… de Marie, il ………… (　　) ans.

4) ………… ………… de Marie, elle ………… (　　) ans.

Leçon 7

J'ai soif, j'ai faim.

のど、からから…　おなか、ぺこぺこ…

やっと、ユゴーの叔母さんの家に到着しました。ホテルレストランを経営しているしゃきしゃき叔母さんです。

DVD　1-68

Tante : Posez vos sacs ici.
Voulez-vous quelque chose ?

Pierre : Oui, j'ai soif.
Je veux bien du jus d'orange, s'il vous plaît.

Hugo : Moi, j'ai faim.
Je choisis de la mousse au chocolat, s'il te plaît.

PRONONCIATION

1-69　DVD

g + e, i, y [ʒ]	orange	garage	magique	
g + a, o, u [g]		garage	gomme	légumes

GRAMMAIRE

1 部分冠詞

1-70

▶ 部分冠詞はつぎのような数えられない名詞につけて、「いくらかある量」を表わします。
① 液体、気体、定形のない固体名詞　② 抽象名詞　③ スポーツや楽器の名詞（動詞 faire とともに）

	男性名詞		女性名詞	
①	**du** jus	**de l'**argent*	**de la** mousse	**de l'**eau*
②	**du** courage		**de la** chance	
③	**du** piano		**de la** natation	

＊語頭が母音または「無音の h」の名詞につく部分冠詞は de l' となります。

① Je bois ***du*** jus d'orange.（bois < boire）
② J'ai ***de la*** chance.
③ Je fais ***du*** piano.

▶直接目的語の部分冠詞は、否定文では de（d'）になります。
Je *ne* bois *pas* ***de*** jus de tomate.　　Je *n'*ai *pas* ***d'***argent.

2 -ir 動詞（第 2 群規則動詞）の直説法現在

DVD 1-71

▶不定詞の語末 -ir がつぎのように変化する動詞を「-ir 動詞」あるいは「第 2 群規則動詞」といいます。

choisir　選ぶ

je	chois**is**	nous	chois**issons**
tu	chois**is**	vous	chois**issez**
il	chois**it**	ils	chois**issent**
elle	chois**it**	elles	chois**issent**

▶同じ活用パターンの動詞
finir　終える / 終わる
réfléchir　よく考える
grandir　大きくなる

3 vouloir の直説法現在

DVD 1-72

vouloir　望む / ～したい

je	veux	nous	voulons
tu	veux	vous	voulez
il	veut	ils	veulent
elle	veut	elles	veulent

▶〈vouloir + 名詞〉で「～が欲しい」、〈vouloir + 不定詞〉で「～したい」という表現になります。
Il ***veut*** du café.　　Il ***veut*** venir au Japon.　　***Voulez***-vous boire quelque chose ?

▶〈Je veux bien..., s'il vous plaît. / s'il te plaît.〉で、丁寧な依頼表現になります。
Je ***veux bien*** du jus d'orange, ***s'il vous plaît***.

VOCABULAIRE

Dialogue		
tante	女	
poser	動	
vouloir	動	
quelque chose	代	
jus	男	
orange	女	
choisir	動	
mousse	女	

Grammaire		
argent	男	
eau	女	
courage	男	
chance	女	
piano	男	
natation	女	
boire	動	飲む
tomate	女	
finir	動	
réfléchir	動	
grandir	動	

Exercices		
vin	男	
fromage	男	
manger	動	
poisson	男	
mais	接	しかし
viande	女	
tennis	男	
flûte	女	
ruban	男	リボン
études	女	複 学業

avoir soif　のどが渇く
avoir faim　お腹がすく

avoir chaud　暑い
avoir froid　寒い

finir ses études　卒業する
d'abord　まず

CONVERSATION

1 下線部をイラストの飲み物に入れ替えて練習しましょう。 1-73

Momo : Tu veux boire quelque chose ?

Taro : Je veux bien <u>du café</u>, s'il te plait.

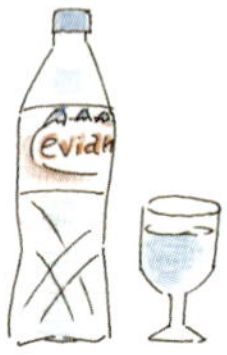

1) de l'eau minérale

2) du thé glacé

3) du jus d'orange

4) de la bière

2 DVD を見ながら、レナやアメリと練習しましょう。 DVD

EXERCICES

1 適切な部分冠詞を ……… に書きましょう。 1-74

例) Tu as *de* *l'*argent ? Moi, je n'ai pas *d'*argent.

1) J'aime boire ……… vin avec ……… fromage.

2) Elle mange ……… poisson, mais elle ne mange pas ……… viande.

3) Tu as ……… ……… chance, mais tu n'as pas ……… courage.

4) Il fait ……… tennis et ……… ……… flûte.

2 [ ] の動詞を活用させて ……… に書きましょう。 1-74'

例) Je *choisis* du vin rouge. [choisir]

1) Vous ……… la couleur du ruban ? [choisir]

2) Il ……… ses études à quel âge ? [finir]

3) Nous ……… d'abord ! [réfléchir]

4) Les enfants ……… vite ! [grandir]

3 動詞 vouloir を活用させて ……… に書きましょう。 1-74'

例) Tu *veux* de l'eau ? — Je *veux* bien.

1) Tu viens avec moi ? — Je ……… bien.

2) Nous ……… du vin rouge, et ils ……… du vin blanc.

3) Tu ……… aller en France, mais lui, il ne ……… pas.

4) ………-vous parler en anglais ?

4 イラストを見ながら音声を聞いて、……… にフランス語を書きとりましょう。 1-75

1) 

2) 

3) 

4) 

1) J'ai ……… . ……… ……… , s'il te plaît.

2) J'ai ……… . Je veux ……… quelque chose.

3) J'ai ……… . ……… ……… ……… ……… ……… ……… .

4) ……… ……… . ……… ……… au lait, s'il te plaît.

LEÇON 8 Nous pouvons t'aider.

お手伝いできます。

午後４時、お茶の時間。くつろぎにやって来るお客の応対に叔母さんは大忙し……
お手伝いを申し出ます。

DVD 1-76

Tante : Il est déjà quinze heures trente !
À partir de seize heures, je suis souvent débordée.

Pierre : Travaillons avec elle.

Hugo : Oui, on peut l'aider...
Si tu veux, nous pouvons t'aider...

Tante : Ah, c'est gentil !

PRONONCIATION

1-77 DVD

h [発音しない]	heure huit thé	hôtel cathédrale
ph [f]		photo symphonie

GRAMMAIRE

1 非人称構文

1-78

▶ 主語の il が「彼は」「それは」などの意味を持たず、形式的な主語となる構文を非人称構文と言い、次のような表現で用います。

1）時刻　Quelle heure ***est-il*** ? — ***Il est*** trois heures.

2）天候　Quel temps ***fait-il*** ? — ***Il fait*** beau [mauvais / chaud / froid].

Il pleut aujourd'hui. （pleut < pleuvoir ）

Il neige demain. （neige < neiger）

3）「〜がある」 ***Il y a*** du vent [du soleil / des nuages].

Il y a encore du vin. ***Il*** n'***y a*** plus de vin.

4）「〜が必要である」 ***Il faut*** dix minutes pour aller à la gare. 〈Il faut + 名詞〉（faut < falloir）

「〜しなければならない」 ***Il faut*** partir tout de suite. 〈Il faut + 不定詞〉

2 直接目的語の人称代名詞

1-79

主語人称代名詞	je	tu	il	elle	nous	vous	ils	elles
直接目的語の人称代名詞	**me（m'）**	**te（t'）**	**le（l'）**	**la（l'）**	**nous**	**vous**	**les**	

▶ 目的語の人称代名詞は動詞の前に置きます。3 人称の le, la, les は、「人」「もの」の区別はありません。男性名詞か女性名詞かで使い分けます。

Je cherche ma montre. → Je ***la*** cherche.（それを）

Je cherche ma sœur. → Je ***la*** cherche.（彼女を）

▶ 肯定命令ではハイフンとともに動詞のあとに置きます。me, te は moi, toi になります。

Tu cherches ta montre. 肯定命令 → Cherche ta montre ! → Cherche-***la*** !

Vous m'excusez. 肯定命令 → Excusez-***moi*** !

3 pouvoir の直説法現在

DVD 1-80

pouvoir 〜できる

je	peux	nous	pouvons
tu	peux	vous	pouvez
il	peut	ils	peuvent
elle	peut	elles	peuvent

Je ***peux*** sortir aujourd'hui. [可能]

Je ***peux*** entrer ? / ***Puis-je**** entrer ? [許可]

＊ je peux の倒置形は peux-je ではなく ***puis-je***

Tu ***peux*** aider ta maman ? [依頼]

VOCABULAIRE

Dialogue		
déjà	副	
heure	女	～時 / 時間
souvent	副	
débordé, *e*	形	とても忙しい
travailler	動	
pouvoir	動	
aider	動	
gentil, *le*	形	
Grammaire		
temps	男	天気
pleuvoir	動	雨が降る

aujourd'hui	副	
neiger	動	雪が降る
demain	副	
vent	男	
nuage	男	
minute	女	
pour	前	
partir	動	
excuser	動	
sortir	動	
entrer	動	
maman	女	

Exercices		
combien de (d')...		いくらの～
film	男	
travail	男	
avant	前	～までに / 前に
bientôt	副	
clef	女	
depuis	前	～からずっと
matin	男	
rentrer	動	
après	前	
dehors	副	戸外で

à partir de...　～から
tout de suite　ただちに

si tu veux,...　もしよかったら

ne... plus　もう～ない

CONVERSATION

1 時刻の表現を練習しましょう。　1-81

Il est une heure.
Il est deux heures dix.
Il est deux heures *et quart* [*quinze*].
Il est deux heures *et demie* [*trente*].
Il est neuf* heures *moins* dix.　＊発音上の注意：[nœvœr]
Il est neuf* heures *moins le quart*.
Il est midi.　　Il est minuit.

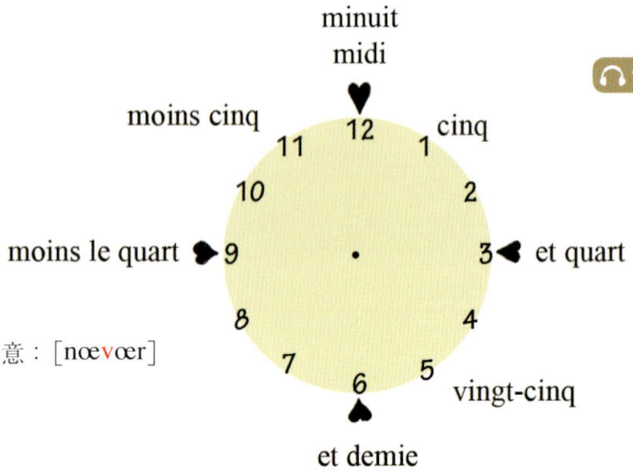

2 下線部をイラストの時刻に入れ替えて練習しましょう。DVD を見ながら、レナやアメリとも練習しましょう。　DVD 1-82

Taro　: ***Tu as l'heure ? / Quelle heure est-il ?***
Momo : Il est <u>huit heures</u>.

1) quatre heures

2) huit heures et demie

3) neuf heures vingt

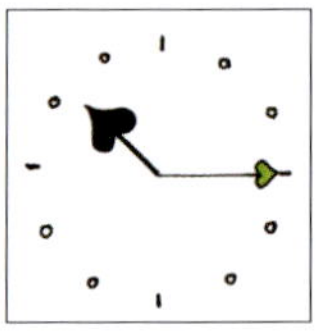
4) dix heures et quart

EXERCICES

1 応答文を完成しましょう。 1-83

例) Quelle heure est-il ? — *Il* *est* deux heures.

1) Il faut combien d'heures ? — ………… ………… deux heures.

2) Quel temps fait-il ? — ………… ………… beau.

3) Comment est-il ? — ………… ………… beau et gentil.

4) Qu'est-ce qu'il fait ? — ………… ………… du piano.

2 下線部の目的語を人称代名詞に代えて、応答文を完成しましょう。 1-83'

例) Tu aides <u>ta mère</u> ? — Oui, je *l'aide* souvent.

1) Il aime <u>les films de Hayao Miyazaki</u> ? — Oui, il ………… ………… beaucoup.

2) Vous finissez <u>ce travail</u> avant midi ? — Oui, nous ………… ………… bientôt.

3) Tu cherches <u>la clef</u> depuis ce matin ? — Oui, je ………… ………… toujours.

4) Tu ne <u>m</u>'aimes pas ? — Si, je ………….

3 動詞 pouvoir を活用させて…………に書きましょう。 1-83'

例) Je ne *peux* pas sortir aujourd'hui.

1) Tu ………… sortir, mais il faut rentrer avant minuit.

2) Elle ………… partir avec nous ?

3) Nous ………… vous aider.

4) ………… - vous venir après seize heures ?

4 イラストを見ながら音声を聞いて、…………にフランス語を書きとりましょう。 1-84

1) 

2) 

3) 

4) 

1) ………… ………… depuis ce matin.

2) ………… ………… ………… du vent dehors.

3) ………… ………… ………… aujourd'hui.

4) ………… ………… beaucoup.

LEÇON 9

Je vous la présente.

ご案内いたします。

ユゴーはお客さんに部屋を見せます。この客、なんだかミステリアス……

DVD 1-85

Tante : Peux-tu montrer la chambre numéro 5 à Monsieur ?

Hugo : Je vous la présente.
Voici la douche... ici les toilettes.
Cette chambre à 65 euros a vue sur la place.

Client : Ça me plaît beaucoup. Je la prends.

PRONONCIATION

1-86 DVD

c + a, o, u [k]	carte	beaucoup			café	comme	cuisine
c + e, i, y [s]	cette	place	voici	cinq	ceci	cinéma	cycle
語末の **c** / **c** +子音字 [k]	sac	avec			croissant	cycle	
ç + a, o, u [s]					ça	garçon	

GRAMMAIRE

1 prendre の直説法現在

DVD 1-87

prendre とる

je	prends	nous	prenons
tu	prends	vous	prenez
il	prend	ils	prennent
elle	prend	elles	prennent

＊同じ活用パターンの動詞
comprendre 理解する
apprendre 習う

▶英語の take に相当する多義な動詞（食べる / 乗る / 買う / 決めるなど）です。

2 間接目的語の人称代名詞

1-88

主語人称代名詞	je	tu	il	elle	nous	vous	ils	elles
直接目的語の人称代名詞	me (m')	te (t')	le (l')	la (l')	nous	vous	les	
間接目的語の人称代名詞	**me (m')**	**te (t')**	**lui**		**nous**	**vous**	**leur**	

Je montre la chambre à Monsieur. 私は その部屋を（直接目的語）お客さんに（間接目的語）見せる。

→ Je ***lui*** montre la chambre . → 私は その部屋を 彼に 見せる。

▶〈à + 人〉が間接目的語です。目的語の人称代名詞は動詞の前に置きます。肯定命令の場合のみ動詞のあとに置きます（⇒ L8）。

Tu ***lui*** téléphones samedi soir. 肯定命令 → Téléphone-***lui*** samedi soir.

Tu ***me*** téléphones dimanche matin. 肯定命令 → Téléphone-***moi*** dimanche matin.

3 代名動詞の直説法現在

DVD

▶主語と同じ人やものを指す目的語代名詞（＝再帰代名詞）をともなう動詞を代名動詞といいます。

例）他動詞 coucher（他人を寝かせる） 代名動詞 se coucher（寝る←自分を寝かせる） 1-89 1-90

se coucher 寝る

je	me	couche	nous	nous	couchons
tu	te	couches	vous	vous	couchez
il	se	couche	ils	se	couchent
elle	se	couche	elles	se	couchent

se lever 起きる

je	me	lève	nous	nous	levons
tu	te	lèves	vous	vous	levez
il	se	lève	ils	se	lèvent
elle	se	lève	elles	se	lèvent

1-91

▶用法［再帰的］自分を～する / 自分に～する : Je ***m'appelle*** Momo. *cf.* Je l'appelle 'Sakura'.
［相互的］互いに～する（主語は常に複数） : Paul et Marie ***s'aiment***.
［受動的］～される（主語は常に事物） : Le français ***se parle*** aussi au Canada.
［本質的］代名動詞としてしか使わないもの : Je ***me souviens de*** toi.

VOCABULAIRE

Dialogue		
montrer	動	
présenter	動	
douche	女	
toilettes	女	複
euro	男	
place	女	
client, *e*	名	
ça	代	これ / それ / あれ
plaire à...	動	～の気に入る
prendre	動	

Grammaire		
comprendre	動	
apprendre	動	
téléphoner	動	
samedi	男	
soir	男	
dimanche	男	
se coucher	動	
se lever	動	
s'appeler	動	
se souvenir de...	動	

Exercices		
petit déjeuner	男	
juste	副	
donner	動	
répondre	動	
photo	女	
se réveiller	動	
tôt	副	
d'habitude		いつもは

avoir vue sur... ～に面している

tous les matins 毎朝　　tous les jours 毎日

CONVERSATION

1 下線部をイラストの商品と価格に入れ替えて練習しましょう。数詞はp.30で復習しましょう。

1-92

Momo : Ce sac, ***ça me plaît*** beaucoup. ***C'est combien*** ?

Taro : C'est 30 euros.

Momo : C'est cher !

Taro : Non, ce n'est pas cher.

1) cette chemise
25€

2) ce pull-over
68€

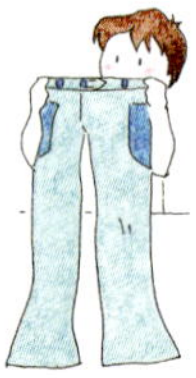

3) ce pantalon
55€

4) ces chaussures
95€

2 DVD を見ながら練習しましょう。

DVD

EXERCICES

1 [　　] の動詞を活用させて .... に書きましょう。　1-93

例) Vous ....*prenez*.... cette chambre ?　[prendre]

1) Tu .... le métro ? Moi, je .... l'autobus.　[prendre]

2) Nous .... le petit déjeuner à sept heures juste.　[prendre]

3) Il ne .... pas le japonais.　[comprendre]

4) Nous .... le français depuis deux ans.　[apprendre]

2 下線部の目的語を人称代名詞にして .... に書きましょう。　1-93'

例) Tu donnes ces fleurs <u>à Marie</u> ?　— Oui, je les ....*lui*.... donne.

1) Tu téléphones souvent <u>à tes parents</u> ?　— Oui, je .... téléphone souvent.

2) Ces fleurs, ça <u>te</u> plaît ?　— Oui, ça .... plaît beaucoup.

3) Réponds <u>à Paul</u> tout de suite.　→ Réponds-.......... tout de suite.

4) Tu <u>me</u> montres sa photo. [肯定命令に]　→ Montre-.......... sa photo.

3 [　　] の動詞を活用させて .... に書きましょう。　1-93'

例) Tu ....*t'appelles*.... comment ?　[s'appeler]

1) Je .... à sept heures.　[se réveiller]

2) Tu .... tôt tous les matins ?　[se lever]

3) Ils .... tous les jours.　[se téléphoner]

4) Vous .... de moi ?　[se souvenir]

4 イラストを見ながら音声を聞いて、フランス語を書きとりましょう。(　　) には数字が入ります。
[　　] の動詞も参考にしましょう。　1-94

1) 
2) 
3) 
4) 

1) J'ai (　　) enfants. D'habitude, je .... à (　　) heures. [coucher]

2) Et moi, je .... à minuit.　[se coucher]

3) Le matin, je .... à (　　) heures.　[se lever]

4) Et à (　　) heures, je ....　[réveiller] .

Leçon 10

Je vais demander...

聞いてみましょう…

カフェテラスは大にぎわい。
ピエールは、例のお客の注文をとっていますが、どうやらからかわれているようです…

DVD 2-01

Pierre : Je vous écoute.
Client : Avez-vous de la glace ?
Pierre : Nous venons d'en recevoir.
Il y a de la glace au café, à la vanille, au chocolat, à la pistache, à la menthe...
Client : Et du sorbet au pamplemousse ?
Pierre : Je vais demander...

PRONONCIATION

2-02

母音字＋ **s** ＋母音字	[z]	choisir	
母音字＋ **ss** ＋母音字	[s]	pamplemousse	
s ＋子音字 / 語頭の **s**		pistache	sorbet

DVD

rose	désert	poison
dessert	poisson	
question	sauce	Seine

GRAMMAIRE

1 近接未来

2-03

▶〈 **aller + 不定詞** 〉で、「〜でしょう」「〜しようとしている」を表わします（aller ⇒ L5）。

Le train arrive bientôt. → Le train ***va arriver***.

Je te dis ça. → Je ***vais*** te ***dire*** ça !（dis < dire）

cf.〈 aller + 不定詞 〉〜しに行く：Je *vais* te *chercher* à la gare.

2 近接過去

2-04

▶〈**venir de（d'）+ 不定詞** 〉で、「〜したばかりだ」を表わします（venir ⇒ L5）。

Le train part. → Le train ***vient de partir***.

Je te dis ça. → Je ***viens de*** te ***dire*** ça !

cf.〈 venir + 不定詞 〉〜しに来る：Maman, *viens* me *chercher* à la gare, s'il te plaît.

3 中性代名詞

いずれも動詞の前に置きます。

en 1）〈不定冠詞 / 部分冠詞 / 数量表現 + 名詞〉に代わります。伝えたい数・量は動詞のあとに置きます。

2-05

Avez-vous de la glace ? — Oui, nous avons de la glace. → Oui, nous ***en*** avons.

Tu as des frères ? — Oui, j'***en*** ai un.

— Non, je n'***en*** ai pas.

2）〈前置詞 de + 場所 / 事物の名詞〉に代わります。

Tu viens de France ? — Oui, j'***en*** viens.

Tu parles de ce film ? — Oui, j'***en*** parle.

y 1）〈場所の前置詞 + 名詞〉に代わり、「そこへ」「そこで」の意味で使います。

2-06

Tu vas en France ? — Oui, j'***y*** vais. / Je vais ***y*** aller cet été.

2）〈前置詞 à + 事物の名詞〉に代わります。

Tu réponds à cet e-mail ? — Oui, j'***y*** réponds.

le 形容詞、不定詞、節、文などに代わり、「そのこと」の意味で使います。

2-07

Tu es heureuse avec lui ? — Oui, je ***le*** suis.

Tu peux partir à huit heures demain matin ? — Oui, je ***le*** peux.

Il aime Marie. Je ***le*** sais.（sais < savoir）

VOCABULAIRE

Dialogue			*Grammaire*			attention	女	
glace	女		arriver	動		acheter	動	
recevoir	動	受取る / 招く	dire	動		examen	男	
vanille	女		été	男		devant...	前	～の前に
pistache	女		e-mail	男		pommier	男	
menthe	女		savoir	動	知っている	derrière...	前	～の後ろに
sorbet	男		*Exercices*			pomme	女	
pamplemousse	男		se dépêcher	動	急ぐ	sur...	前	～の上に
demander	動		tomber	動	転ぶ	sous...	前	～の下に

CONVERSATION

1 下線部をメニューの料理に入れ替えて練習しましょう。 2-08

Taro　: ***Qu'est-ce que tu vas prendre*** comme entrée ?
Momo : ***Je vais prendre*** une salade de tomates. Et toi ?
Taro　: Moi, ***je vais prendre*** une quiche lorraine.

2 DVD を見ながら、レナやアメリと練習しましょう。 DVD

EXERCICES

1 近接未来の文に書き直しましょう。 2-09

例) Il fait beau demain. → Il *va* *faire* beau demain.

1) Je vais en France cet été. → Je ________ ________ en France cet été.

2) J'ai dix-neuf ans. → Je ________ ________ dix-neuf ans.

3) Le train part. → Vite ! Dépêche-toi ! Le train ________ ________.

4) Tu tombes. → Attention ! Tu ________ ________.

2 近接過去の文に書き直しましょう。 2-09'

例) Je reçois son e-mail. → Je *viens* *de* *recevoir* son e-mail.

1) Nous rentrons de France. → Nous ________ ________ ________ de France.

2) Elle a vingt ans. → Elle ________ ________ vingt ans.

3) Ils achètent une maison. → Ils ________ ________ une maison.

4) Le train part. → Le train ________ ________ ________.

3 下線部を中性代名詞 (en / y / le) に置き換えて答えましょう。 2-09'

例) Combien de sœurs as-tu ? → J'*en* *ai* une.

1) Venez-vous du Japon ? → Oui, j'________ ________.

2) On va au café ? → Oui, on ________ ________.

3) Vous pensez à vos examens ? → Oui, nous ________ ________.

4) Elle habite à Paris. → Ah, oui ? Paul ne ________ sait pas.

4 イラストを見ながら音声を聞いて、________ にフランス語を書きとりましょう。 2-10

1) et 2) 

3) et 4) 

1) Y a-t-il des voitures devant la maison ? – Oui, il y ________ a ________.

2) Y a-t-il des pommiers derrière la maison ? – Oui, il y ________ a ________.

3) Combien de pommes y a-t-il sur le pommier ? – Il y ________ a ________.

4) Combien de pommes y a-t-il sous le pommier ? – Il y ________ a ________.

LEÇON 11

Je roule plus vite que toi !

きみより速いぞ！

ふたりは地図を片手にサイクリングを楽しみ、田舎を満喫しています。

DVD 2-11

Pierre	:	On est bien à la campagne !
Hugo	:	Ce château, là-bas, date du quinzième siècle. Il est aussi vieux que l'autre.
Pierre	:	C'est beau. On y va ?
Hugo	:	Je roule plus vite que toi.
Pierre	:	Tu plaisantes !

PRONONCIATION

2-12 DVD

gn [ɲ]	campagne	champagne	cognac	signal
ieu [jø]	vieux	mieux		
oin [wɛ̃]			moins	loin

GRAMMAIRE

1 比較級

2-13

plus	形容詞	**que**	〜	〜より…	(＋)	(優等比較級)
aussi	副　詞			〜と同じく…	(＝)	(同等比較級)
moins				〜より…ない	(−)	(劣等比較級)

▶形容詞は形容する名詞の性・数に一致します。

Paul est ***plus*** grand ***que*** Momo.

Momo est ***moins*** grand***e*** ***que*** Paul.

Marie est ***aussi*** grand***e*** ***que*** Taro.

Taro et Marie sont ***plus*** grand***s*** ***que*** Momo.

▶副詞には性・数の一致はありません。

Marie voyage ***plus*** souvent ***que*** Paul.

▶ que 以下が代名詞のときは、強勢形人称代名詞（⇒ L6）を用います。

Paul est ***plus*** grand ***que*** *toi*.

▶ 特殊な優等比較級

形容詞：（よい / おいしい）　bon (ne)(s) → ~~plus bon (ne)(s)~~ → meilleur(e)(s)

副詞　：（よく / 上手に）　bien → ~~plus bien~~ → mieux

2 最上級

2-14

le / **la** / **les**	+	**plus** / **moins**	形容詞	(**de** 〜)	（〜のなかで）いちばん…だ	(＋)	(優等最上級)
					（〜のなかで）いちばん…でない	(−)	(劣等最上級)

▶形容詞の最上級では、形容詞の性・数に応じて定冠詞 le, la, les を区別します。

Paul est ***le plus*** grand ***de*** nous quatre.

Momo est ***la moins*** grand***e*** ***de*** nous quatre.

le	+	**plus** / **moins**	副　詞	(**de** 〜)

▶副詞の最上級では、定冠詞は常に le です。

Marie voyage ***le plus*** souvent ***de*** nous quatre.

▶ 特殊な優等最上級

形容詞：（よい / おいしい）　bon (ne)(s) → le meilleur / la meilleure / les meilleur(e)s

副詞　：（よく / 上手に）　bien → le mieux

VOCABULAIRE

Dialogue		
campagne	女	
château	男	
là-bas	副	向こうに
dater de...	動	～にさかのぼる
siècle	男	
vieux, vieille	形	古い / 年老いた
l'autre		もう一方のもの
rouler	動	
plaisanter	動	冗談をいう

On y va ?　行こうか？

Grammaire		
voyager	動	
meilleur, *e*	形	
mieux	副	
Exercices		
église	女	
âgé, *e*	形	年をとった
idée	女	
tard	副	遅く
jeune	形	

d'entre	前	～の中で
groupe	男	
classe	女	
restaurant	男	
ville	女	
escargot	男	
arrondissement	男	区
s'élever	動	
se trouver	動	
se situer	動	
occuper	動	

◆ **序数詞** 2-15

$1^{\text{er, ère}}$ premier / première　2e deuxième (second / seconde)

3^{e}	troisième	4^{e}	quatrième	5^{e}	cinquième	9^{e}	neuvième
10^{e}	dixième	11^{e}	onzième	15^{e}	quinzième	16^{e}	seizième
17^{e}	dix-septième	19^{e}	dix-neuvième	20^{e}	vingtième	21^{e}	vingt et unième

CONVERSATION

1 下線部をイラストの表現に入れ替えて練習しましょう。 2-16

Taro　: Je <u>roule plus vite que</u> toi !
Momo : Tu plaisantes ! Je <u>roule plus vite</u> que toi !

1) être plus fort(e)

2) être plus grand(e)

3) chanter mieux

4) marcher plus vite

2 DVD を見ながら、レナやアメリと練習しましょう。 DVD

EXCERCICES

1 [　　] の形容詞や副詞を指示された比較級にして .... に書きましょう。 2-17

例) Cette église est ...*aussi*... ...*vieille*... que l'autre. [= / vieux]

1) Marie est .... que Paul. [− / âgé]

2) Cette idée est .... que l'autre. [+ / bon]

3) Ma mère se lève .... que mon père. [+ / tard]

4) Parlez ...., s'il vous plaît ! [− / vite]

5) Elle chante .... que moi. [+ / bien]

2 [　　] の形容詞や副詞を指示された最上級にして .... に書きましょう。 2-17'

例) Il est ...*le*... ...*plus*... ...*jeune*... d'entre nous. [+ / jeune]

1) Elle est .... de notre groupe. [− / âgé]

2) C'est .... étudiante de la classe. [+ / bon]

3) C'est .... restaurant de la ville. [+ / bon]

4) Qui chante .... d'entre vous ? [+ / bien]

5) Mon père se lève .... de ma famille. [+ / tôt]

3 イラストを見ながら音声を聞いて、........ にフランス語を書きとりましょう。 2-18

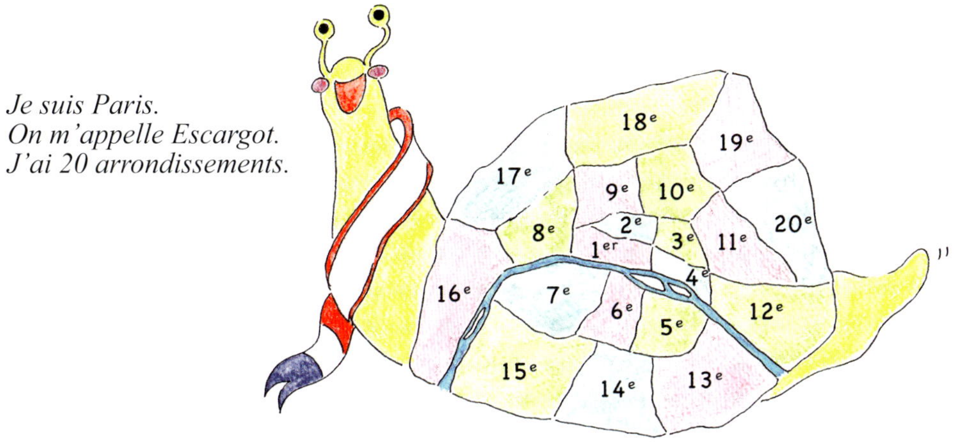

1) La tour Eiffel .... dans le .... arrondissement. [s'élever]

2) L'opéra Garnier* .... dans le .... arrondissement. [se trouver]

3) Montmartre .... dans le .... arrondissement. [se situer]

4) Le Louvre** et le jardin des Tuileries*** .... le .... arrondissement. [occuper]

*パリ・オペラ座（通称 l'Opéra）　**ルーヴル美術館　***チュイルリー庭園

LEÇON 12 Vous avez bien travaillé.

よく働いてくれたわね。

ピエールとユゴーの働きぶりに感心した叔母さんから、お小遣いをいただきました。

DVD 2-19

Tante	:	Vous avez bien travaillé.
		Je vais vous offrir un petit cadeau.
Hugo	:	Merci, c'est sympa.
Pierre	:	Ça nous a fait une bonne expérience.

GRAMMAIRE

1 過去分詞

2-20

▶ 過去分詞の作り方には、つぎのような規則があります。

	動詞の種類	不定詞	過去分詞
①	-er 動詞のすべて	chanter	→ chanté
②	-ir 動詞の大部分	finir	→ fini
③	-oir (e) 動詞の大部分	voir	→ vu
④	-re 動詞の大部分	répondre	→ répondu

その他： prendre → pris　　recevoir → reçu
faire → fait　　offrir → offert
dire → dit　　être → été
écrire → écrit　　avoir → eu　など

2 直説法複合過去（1）助動詞 avoir の現在形＋過去分詞

DVD

▶過去の行為や出来事を言うときの時制です。否定形は助動詞 avoir の活用形を n'... pas ではさみます。

2-21 2-22

chanter（過去分詞 chanté）		否定形	
j' ai chanté	nous avons chanté	je n'ai pas chanté	nous n'avons pas chanté
tu as chanté	vous avez chanté	tu n'as pas chanté	vous n'avez pas chanté
il a chanté	ils ont chanté	il n'a pas chanté	ils n'ont pas chanté
elle a chanté	elles ont chanté	elle n'a pas chanté	elles n'ont pas chanté

▶ 副詞は過去分詞の直前に置きます。

2-23

Je chante *bien*.（現在） → J'***ai*** *bien* ***chanté***.（複合過去）
Je *ne* chante *pas bien*.（現在） → Je *n'****ai*** *pas bien* ***chanté***.（複合過去）

▶ 倒置疑問形では助動詞 avoir と主語を倒置します。

Avez-vous bien ***chanté*** ?

▶ 目的語代名詞は助動詞 avoir の前に置きます。その場合、過去分詞は直接目的語代名詞の性・数に一致します。

J'***ai vu*** Paul hier. → Je l'***ai vu*** hier.（直接目的語）
J'***ai vu*** Marie hier. → Je l'***ai vue*** hier.（直接目的語）
J'***ai téléphoné*** à Paul. → Je lui ***ai téléphoné***.（間接目的語）
J'***ai téléphoné*** à Marie. → Je lui ***ai téléphoné***.（間接目的語）

VOCABULAIRE

Dialogue		
offrir	動	贈る
cadeau	男	プレゼント
expérience	女	

C'est sympa.　うれしいな

Grammaire		
voir	動	見る / 会う
écrire	動	
hier	副	

Exercices		
dormir	動	
après-midi	男	
chez ＋人	前	～の家に
rendez-vous	男	
mal	副	悪く（=pas bien）

◆ 否定の表現

2-24

ne... pas	～ない	Je ***n'***ai ***pas*** faim.
ne... plus	もう～ない	Je ***n'***ai ***plus*** faim.
ne... pas encore	まだ～ない	Je ***n'***ai ***pas encore*** faim.
ne... jamais	決して～ない	Je ***ne*** dis ***jamais*** ça.
ne... rien	何も～ない	Je ***ne*** sais ***rien***.
ne... personne	誰も～ない	Il ***n'***y a ***personne*** ici.
ne... ni A ni B	Ａも Ｂも～ない	Je ***n'***ai ***ni*** frère ***ni*** sœur.

◆ 曜日（les sept jours de la semaine）

2-25

lundi　mardi　mercredi　jeudi　vendredi　samedi　dimanche

CONVERSATION

1 斜字体の曜日を月曜日から順次変え、下線部をイラストの表現に入れ替えて練習しましょう。

2-26

Taro　: Qu'est-ce que tu as fait ***dimanche*** ?
Momo : ***Dimanche***, j'ai fait du judo.

1）chanter au karaoké

2）travailler au restaurant

3）travailler chez moi

4）faire le ménage

5）faire la cuisine

6）faire la lessive

7）faire les courses

2 DVD を見ながら、レナやアメリと練習しましょう。 DVD

EXCERCICES

1 ………… に過去分詞を書きましょう。 2-27

例）travailler → *travaillé*

1）choisir → ……………… 2）dormir → ………………

3）voir → ……………… 4）recevoir → ………………

5）prendre → ……………… 6）comprendre → ………………

7）faire → ……………… 8）dire → ………………

9）écrire → ……………… 10）acheter → ………………

2 ［　］の動詞を複合過去にして ………… に書きましょう。 2-27'

例）Pierre et Hugo, ils *ont* *bien* *travaillé* . ［bien travailler］

1）Tu ……… ……… ……… ? ［bien dormir］

2）Vous ……… ……… ……… les billets de train ? ［déjà acheter］

3）Hier après-midi, nous ……… ……… un film français. ［voir］

4）Hier soir, j'……… ……… mes amis chez moi. ［recevoir］

3 ［　］の動詞を複合過去にして ………… に書きましょう。 2-27'

例）Tu *n'as* pas *pris* le petit déjeuner avec ta famille ? ［ne pas prendre］

1）Vous ……… pas bien ……… ? ［ne pas bien comprendre］

2）Tu ……… pas encore ……… à tes parents ? ［ne pas encore écrire］

3）Je ……… jamais ……… mes rendez-vous. ［ne jamais oublier］

4）Il ……… rien ……… . ［ne rien dire］

4 イラストを見ながら音声を聞いて、………… にフランス語を書きとりましょう。［　］の動詞も参考にしましょう。 2-28

1） 

2） 

3） 

4） 

1）J'ai ……… ! ［comprendre］

2）Je n'ai ……… ……… . ［comprendre］

3）J'ai ……… ……… ! ［manger］

4）J'ai mal ………... ［dormir］

Leçon 13

Je suis né...

ぼくが生まれたのは…

実は、まだ海に行ったことがないというユゴー、少し寂しそう。ピエールは「明日にでも行こうよ」と提案します。

DVD 2-29

Hugo : Je ne suis jamais allé à la mer.
Pierre : Je suis né près de Bordeaux.
Si cela te fait plaisir, nous y allons ensemble dès demain.
Hugo : Bonne idée !

GRAMMAIRE

1 直説法複合過去（2） 助動詞 être の現在形＋過去分詞

DVD

▶助動詞に être を用いる動詞は、1）自動詞の一部　2）代名動詞です。

1）自動詞のうち「場所の移動」や「状態の変化」を表わす動詞（過去分詞は主語の性・数に一致）

2-30

不定詞	→	過去分詞	不定詞	→	過去分詞
aller	→	allé	venir	→	venu
arriver	→	....	partir	→	....
entrer	→	....	sortir	→	....
rester	→	....	rentrer	→	....
naître	→	né	mourir	→	mort

2-31

aller

je	suis	allé(e)	nous	sommes	allé(e)s
tu	es	allé(e)	vous	êtes	allé(e)(s)
il	est	allé	ils	sont	allés
elle	est	allée	elles	sont	allées

Elle ***est allée*** au musée aujourd'hui.

Je ne ***suis*** pas ***allé(e)*** au musée.

2）代名動詞（⇒ L9）

2-32

se lever

je	me	suis	levé(e)	nous	nous	sommes	levé(e)s
tu	t'	es	levé(e)	vous	vous	êtes	levé(e)(s)
il	s'	est	levé	ils	se	sont	levés
elle	s'	est	levée	elles	se	sont	levées

再帰代名詞 se が直接目的語のとき、過去分詞は再帰代名詞の性・数に一致します。

2-33

Elle ***s'est levée*** à sept heures ce matin.（直接目的語）

Ils ***se sont aimés***.（直接目的語）

Ils ***se sont téléphoné*** tous les soirs.（間接目的語）

Elle ***s'est lavé*** les mains.（間接目的語）

VOCABULAIRE

Dialogue		
mer	女	
naître	動	
près de...	前	～の近くに
cela (= ça)	代	
plaisir	男	喜び
dès...	前	～からすぐに

Grammaire		
rester	動	
mourir	動	
se laver	動	
main	女	

Exercices		
s'habiller	動	
en vitesse		急いで
se reposer	動	
superficie	女	面積
longueur	女	長さ
hauteur	女	

faire plaisir à... ～を喜ばせる　　si cela te fait plaisir,... きみが喜ぶなら（それがきみを喜ばせるなら）

◆ **数詞 200-10 000** 　2-34

200	deux cents	203	deux cent trois	910	neuf cent dix
1 000	mille	2 000	deux mille	10 000	dix mille

1986 mille neuf cent quatre-vingt-six

2020 deux mille vingt

CONVERSATION

1 下線部を入れ替えて、それぞれの年号を聞いてみましょう。過去分詞と自分の年号をあらかじめ確認しておきましょう。 2-35

Taro : Tu es entrée à l'université en quelle année ? [entrer → entré(e)]

Momo : Je suis entrée à l'université en 2019.

1) naître [　　　] en ....

2) entrer à l'école en ....

3) sortir du collège [　　　] en ....

4) sortir du lycée en ....

2 DVD を見ながら、レナやアメリと練習しましょう。 DVD

EXCERCICES

1 [　　] の動詞を複合過去にして ………… に書きましょう。 2-36

例) Elle *est* *née* en 1986. [naître]

1) Elle ………… ………… à Paris en 1996 avec ses parents. [aller]

2) Cinq ans après, ses parents ………… ………… au Japon. [rentrer]

3) Elle ………… ………… en France pour ses études. [rester]

4) Il ………… ………… ………… aujourd'hui. [ne pas sortir]

5) Elles ………… ………… ………… ………… hier. [ne pas venir]

2 [　　] の動詞を複合過去にして ………… に書きましょう。 2-36'

例) Je *me* *suis* *levé (e)* tôt ce matin. [se lever]

1) Tu ………… ………… tard hier soir ? [se coucher]

2) Elle ………… ………… en vitesse. [s'habiller]

3) Nous ………… ………… ………… de sortir. [se dépêcher]

4) Vous ………… ………… bien ………… . [se reposer]

5) Il ………… ………… les mains. [se laver]

3 イラストを見ながら音声を聞いて、(　　) に数字を書きとりましょう。 2-37

1) 

2) 

3) 

4) 

1) (　　　), c'est votre numéro de chambre.

2) (　　　) km²*, c'est la superficie de Paris. *km² : kilomètres carrés

3) (　　　) km, c'est la longueur de la Seine.

4) (　　　) m , c'est la hauteur** de la tour Eiffel. **hauteur の h は有音

LEÇON 14

J'entendais la mer.

さっきから海の音が聞こえていたよ。

松林をハイキングして海辺に出ることにしたふたり。松風に心地よい疲れを覚えたころ、海の音が聞こえてきました。

DVD 2-38

Pierre : La dernière fois que je suis venu ici, j'avais six ans. Il y avait beaucoup de monde.
Nous allons bientôt arriver.

Hugo : J'en étais sûr. J'entendais la mer depuis quelques minutes.

GRAMMAIRE

1 直説法半過去

DVD

▶過去の継続的行為、状態・状況、習慣・反復行為を表わすときの時制です。「〜していた」「〜だった」「〜したものだ」の表現に相当します。

▶活用は nous の現在形から語尾 -ons をとったものを語幹とし、半過去の語尾をつけます。

不定詞		語幹
aller	→	nous **all**~~ons~~
finir	→	nous **finiss**~~ons~~
prendre	→	nous **pren**~~ons~~
faire	→	nous **fais**~~ons~~
avoir	→	nous **av**~~ons~~

＊例外的な語幹をもつ動詞

être → **ét-**

2-39 2-40 2-41

faire		avoir		être	
je	fais**ais**	j'	av**ais**	j'	ét**ais**
tu	fais**ais**	tu	av**ais**	tu	ét**ais**
il	fais**ait**	il	av**ait**	il	ét**ait**
elle	fais**ait**	elle	av**ait**	elle	ét**ait**
nous	fais**ions**	nous	av**ions**	nous	ét**ions**
vous	fais**iez**	vous	av**iez**	vous	ét**iez**
ils	fais**aient**	ils	av**aient**	ils	ét**aient**
elles	fais**aient**	elles	av**aient**	elles	ét**aient**

Quand j'***étais*** jeune, je ***faisais*** du tennis tous les jours. 2-42

Quand il est venu chez moi, je ***déjeunais***.

2 直説法大過去

DVD

▶ 過去のある時点で、すでに完了している行為・出来事を表わすときの時制です。

▶ つぎの 2 つの形があります。 2-43 2-44

1）助動詞 avoir の半過去 + 過去分詞

2）助動詞 être の半過去 + 過去分詞（複合過去と同様、過去分詞は主語の性・数に一致）

dîner						sortir					
j'	avais	dîné	nous	avions	dîné	j'	étais	sorti(e)	nous	étions	sorti(e)s
tu	avais	dîné	vous	aviez	dîné	tu	étais	sorti(e)	vous	étiez	sorti(e)(s)
il	avait	dîné	ils	avaient	dîné	il	était	sorti	ils	étaient	sortis
elle	avait	dîné	elles	avaient	dîné	elle	était	sortie	elles	étaient	sorties

J'***avais fini*** de dîner à sept heures hier soir. ＊finir de ＋不定詞：〜し終える 2-45

Quand elle *est arrivée*, nous ***étions sorti(e)s***.

VOCABULAIRE

Dialogue		
dernier, ère	形	最後の
fois	女	回
monde	男	人々
quelques	形	複いくつかの

Grammaire		
quand	接	～する時
déjeuner	動	
dîner	動	
Exercices		
avant	副	以前は（*cf.* L8）
pauvre	形	
lecture	女	
rencontrer	動	

chaque	形	それぞれの
oublier	動	
lors de...		～の時
arrivée	女	
assez	副	かなり
fatigué, *e*	形	疲れた
vers	前	～の頃に
regarder	動	
télévision	女	

la dernière fois que...　この前（最後に）～したのは
beaucoup de...　たくさんの～
être sûr(e) de...　きっと～だと思う
chaque soir　毎晩（= tous les soirs）
tout à l'heure　さきほど
à vrai dire　実を言うと
Ce n'est pas vrai !　そんなことはない！

CONVERSATION

1 下線部をイラストの表現に入れ替えて練習しましょう。 2-46

Taro　: ***Pourquoi*** tu n'es pas venue hier ?
Momo : ***Parce que*** j'avais un autre rendez-vous.

1) avoir beaucoup de devoirs

2) être très fatiguée

3) travailler au magasin

2 DVD を見ながら、レナやアメリと練習しましょう。 DVD

EXERCICES

1 [　　] の動詞を半過去にして ………… に書きましょう。 2-47

例) Hier, il *faisait* très beau. [faire]

1) Avant, je n' ………… pas d'argent. J' ………… pauvre. [avoir / être]

2) Avant, il n' ………… pas sportif. Il ………… la lecture. [être / aimer]

3) La première fois que je l'ai rencontrée, elle ………… à Paris. [habiter]

4) Quand nous ………… jeunes, nous ………… chaque soir. [être / sortir]

5) Quand je suis arrivé(e) à la gare, le train ………… partir. [aller]

2 [　　] の動詞を大過去にして ………… に書きましょう。 2-47'

例) Il m'a téléphoné tout à l'heure. J'*avais* *oublié* notre rendez-vous. [oublier]

1) Quand je suis arrivé(e) à la gare, le train ………… ………… . [partir]

2) Lors de son arrivée chez nous, nous ………… ………… . [sortir]

3) Il m'a offert ce livre. À vrai dire, je l' ………… déjà ………… . [acheter]

4) Mon enfant ne voulait pas dîner. Il ………… ………… cinq macarons. [manger]

5) Hier soir, tu étais assez fatiguée. Tu ………… ………… ………… .

[trop travailler]

3 イラストを見ながら音声を聞いて、………… にフランス語を書きとりましょう。[　　] の動詞も参考にしましょう。 2-48

1) 

2) 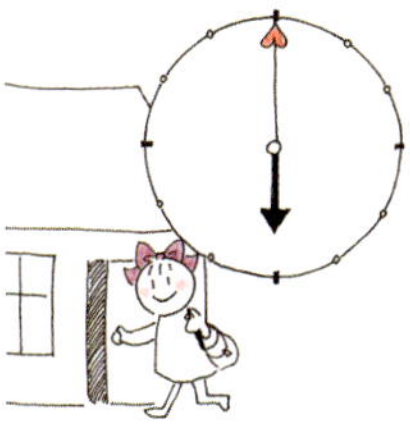

3) 

4) 

1) Je t' ………… ………… à ………… heures hier soir.
Tu n' ………… pas là. [téléphoner / être]

2) Ce n'est pas vrai !
Je ………… ………… chez moi à ………… heures. [rentrer]

3) À ………… heures, j' ………… déjà ………… . [dîner]

4) Vers ………… heures, je ………… la télévision. [regarder]

Leçon 15

Je reviendrai cet été.

夏にまた来るぞ。

見渡すかぎり、水、みず、ミズ… ユゴー、少々興奮気味！

DVD 2-49

Hugo	:	Il y a de l'eau partout !
Pierre	:	N'est-ce pas ?
Hugo	:	Je reviendrai cet été. Je ferai du bateau.
Pierre	:	Tu sais nager ?
Hugo	:	Je n'ai pas pensé à ça !

GRAMMAIRE

1 直説法単純未来

DVD

▶ 未来の行為、状態、予定、推量などを表わすときの時制です。2 人称では軽い命令を表わすこともあります。

▶ 不定詞の語末から -r (-re) をとったものを語幹とし、単純未来の語尾をつけます。

不定詞		語幹
finir	→	**fini~~r~~**
arriver	→	**arrive~~r~~**
prendre	→	**prend~~re~~**

＊例外的な語幹をもつ動詞

avoir	→	**au-**	faire	→	**fe-**
être	→	**se-**	voir	→	**ver-**
aller	→	**i-**	vouloir	→	**voud-**
venir	→	**viend-**	pouvoir	→	**pour-**

2-50 2-51 2-52

finir		avoir		être	
je	fini**rai**	j'	au**rai**	je	se**rai**
tu	fini**ras**	tu	au**ras**	tu	se**ras**
il	fini**ra**	il	au**ra**	il	se**ra**
elle	fini**ra**	elle	au**ra**	elle	se**ra**
nous	fini**rons**	nous	au**rons**	nous	se**rons**
vous	fini**rez**	vous	au**rez**	vous	se**rez**
ils	fini**ront**	ils	au**ront**	ils	se**ront**
elles	fini**ront**	elles	au**ront**	elles	se**ront**

2-53

Quand est-ce que vous ***finirez*** ce travail ?

Il ***fera*** beau cet après-midi.

Tu ***seras*** gentil avec ta petite sœur.

2 直説法前未来

DVD

▶ 未来のある時点で、すでに完了している行為を表わすときの時制です。 2-54 2-55

▶ つぎの 2 つの形があります。

1）助動詞 avoir の単純未来 + 過去分詞

2）助動詞 être の単純未来 + 過去分詞（複合過去と同じように、過去分詞は主語の性・数に一致）

oublier					
j'	aurai	oublié	nous	aurons	oublié
tu	auras	oublié	vous	aurez	oublié
il	aura	oublié	ils	auront	oublié
elle	aura	oublié	elles	auront	oublié

sortir					
je	serai	sorti(e)	nous	serons	sorti(e)s
tu	seras	sorti(e)	vous	serez	sorti(e)(s)
il	sera	sorti	ils	seront	sortis
elle	sera	sortie	elles	seront	sorties

2-56

Dans une heure, il ***aura oublié*** tout ça.

Dans une heure, nous ***serons sorti(e)s***.

VOCABULAIRE

Dialogue			*Exercices*			prochain, *e*	形	次の
partout	副		passer	動	過ごす	repas	男	
revenir	動		vacances	女	複	se marier	動	
bateau	男	船	se revoir	動	再会する	au moins		少なくとも
nager	動		année	女	（暦の）年	terminer	動	終える

N'est-ce pas ?　そうだろう？
faire du bateau　ヨット遊びをする
dans + 数量表現　〜後に（例：dans une heure　1時間後に）
bah, on verra.　まあ、そのうちわかるさ

〈savoir +不定詞〉と〈pouvoir +不定詞〉

Tu ***sais*** nager ?　　Vous ***savez*** conduire ?（能力として「できる」）
Je ne ***peux*** pas nager aujourd'hui.（事情の許しがあって「できる」）

◆ 四季（les quatre saisons）　2-57

le printemps	l'été	l'automne	l'hiver
au printemps	en été	en automne	en hiver
ce printemps	cet été	cet automne	cet hiver

CONVERSATION

1 イラストを参考にしながら季節と下線部を替え、単純未来を用いて練習しましょう。　2-58

Taro　: Qu'est-ce que tu feras pendant les vacances cette année ?
Momo : *Au printemps*, je <u>visiterai la tour Tokyo Skytree</u>.

1) être peut-être à Paris
2) se reposer au bord de la mer
3) prendre de belles photos des feuilles rouges
4) faire des progrès en ski

au printemps

en été

en automne

en hiver

2 DVD を見ながら練習しましょう。　DVD

EXERCICES

1 ［　　］の動詞を単純未来にして ………… に書きましょう。 2-59

例）Je n'*oublierai* jamais le 11 mars 2011. ［oublier］

1）Elle ………… une bonne pâtissière dans trois ans. ［être］

2）Tu ………… de la chance. Ça ………… bien. ［avoir / aller］

3）Il ………… très chaud cet été. ［faire］

4）Nous ………… nos vacances à la mer. ［passer］

5）On ………… ………… ici l'année prochaine. ［se revoir］

2 ［　　］の動詞を前未来にして ………… に書きましょう。 2-59'

例）Je *serai* *sorti(e)* avant huit heures demain matin. ［sortir］

1）Quand tu arriveras à la gare, le train ………… ………… . ［partir］

2）Dès qu'il ………… ………… son travail, il me téléphonera. ［finir］

3）Dès que tu ………… ………… à Paris, tu me téléphoneras. ［arriver］

4）Après que tu ………… ………… le repas, tu prendras du gâteau. ［finir］

5）Dans cinq ans, elle se ………… ………… . ［se marier］

3 イラストを見ながら音声を聞いて、………… にフランス語を書きとりましょう。［　　］の動詞も参考にしましょう。 2-60

1）

2）

3）

4）

1）J'aurai ………… ans dans ………… mois.

2）………… ………… ans, ………… seras-tu ? ………… feras-tu ?

3）Bah, on verra. Au moins, j'aurai ………… mes études. ［terminer］

4）Et toi, tu te seras ………… ? ［se marier］

LEÇON 16

Ça serait génial.

そうできれば、すばらしい。

奇遇！　ヒッチハイクで乗せてくれたおじさんに、またまた乗せてもらうことになりました。

DVD 2-61

Conducteur : Quelle bonne surprise !
Où allez-vous cette fois-ci ?

Pierre : Pourriez-vous nous amener à la gare ?

Conducteur : Je vous amènerais jusqu'au bout du monde, si c'était possible.

Pierre et Hugo : Ça serait génial !

GRAMMAIRE

1 条件法現在

DVD

▶ 直説法単純未来と同じ語幹に条件法現在の語尾をつけます。 2-62 2-63 2-64

aimer		avoir		être	
j'	aimerais	j'	aurais	je	serais
tu	aimerais	tu	aurais	tu	serais
il	aimerait	il	aurait	il	serait
elle	aimerait	elle	aurait	elle	serait
nous	aimerions	nous	aurions	nous	serions
vous	aimeriez	vous	auriez	vous	seriez
ils	aimeraient	ils	auraient	ils	seraient
elles	aimeraient	elles	auraient	elles	seraient

▶非現実的な現在・未来を仮定して「もし〜なら」、その結果「〜だろうに」と推測する表現です。
仮定する節には〈 si (s') + 直説法半過去 〉、結果節には〈条件法現在 〉を用います。 2-65

Si j'avais le temps, je ***sortirais*** avec toi. *cf.* Si j'ai le temps, je sortirai avec toi.

Sans ton aide*, je ne ***finirais*** pas ce travail. ＊前置詞句などで仮定を言うこともできます。

▶ 語調をやわらげて、願望、丁寧な依頼、推測、伝聞を表わします。

Pourriez-vous nous amener à la gare ?

D'après la météo, il ***ferait*** beau demain.

2 条件法過去

DVD

▶ つぎの 2 つの形があります。 2-66 2-67

1) 助動詞 avoir の条件法現在 + 過去分詞

2) 助動詞 être の条件法現在 + 過去分詞 (複合過去と同じように、過去分詞は主語の性・数に一致)

acheter						sortir					
j'	aurais	acheté	nous	aurions	acheté	je	serais	sorti(e)	nous	serions	sorti(e)s
tu	aurais	acheté	vous	auriez	acheté	tu	serais	sorti(e)	vous	seriez	sorti(e)(s)
il	aurait	acheté	ils	auraient	acheté	il	serait	sorti	ils	seraient	sortis
elle	aurait	acheté	elles	auraient	acheté	elle	serait	sortie	elles	seraient	sorties

▶〈 si + 直説法大過去 〉,〈 条件法過去 〉で「もし〜だったら、〜だったろうに」を表わします。

Si j'avais eu le temps, je ***serais sorti(e)*** avec toi. 2-68

▶ 過去における願望、非難、後悔などの語調をやわらげます。

Tu ***aurais pu*** le dire à l'avance. (pu < pouvoir)

J'***aurais dû*** prévenir. (dû < devoir)

VOCABULAIRE

Dialogue		
surprise	女	
cette fois-ci		今度は
amener	動	
jusqu'à...	前	〜まで
bout	男	端 / 果て
monde	男	世界（*cf.* L14）
possible	形	
génial, *e*	形	すばらしい

Grammaire		
temps	男	時間（*cf.* L8）
sans...	前	〜なしに
aide	女	
d'après...		〜によれば
météo	女	
devoir	動	〜すべきである
prévenir	動	予告する

Exercices		
riche	形	
joyeux, *se*	形	楽しい
perdre	動	失う
optimiste	形	
tranquille	形	平静な
se perdre	動	

Quelle * bonne surprise !　なんてうれしいサプライズ！
jusqu'au bout du monde　世界の果てまで
à l'avance　前もって　　à l'heure　定刻に

＊〈quel(le) ＋名詞！〉で感嘆詞的用法（*cf.* p.29）

CONVERSATION

1 下線部をイラストの表現に入れ替えて練習しましょう。　2-69

Momo : Qu'est-ce que tu ***aimerais***（tu *voudrais*）faire ?
Taro　: Si possible, ***j'aimerais bien***（je *voudrais*）<u>aller jusqu'au bout du monde</u>.

1）acheter une maison en France

2）faire le tour du monde

3）partir en vacances dès demain

2 DVD を見ながら je voudrais を使って練習しましょう。　DVD

EXERCICES

1 [　　] の動詞を条件法現在にして …… に書きましょう。 2-70

例) Si j'étais riche, j' *achèterais* cette maison. [acheter]

1) S'il ne pleuvait pas, je …………………… . [sortir]

2) Tu …………………… m'aider ? [pouvoir]

3) J' …………………… bien sortir avec toi. [aimer]

4) ……………………- vous parler moins vite ? [vouloir]

5) Avec toi, nous …………………… plus joyeux. [être]

2 [　　] の動詞を条件法過去にして …… に書きましょう。 2-70'

例) Si j'avais été riche, j' *aurais* *acheté* cette maison. [acheter]

1) S'il avait pris un taxi, il …………… …………… à l'heure. [arriver]

2) J' …………… …………… faire du piano, mais j'ai fait du judo. [vouloir]

3) Sans ton aide, il n' …………… pas …………… ce travail. [ne pas finir]

4) Tu …………… …………… venir avec moi. [devoir]

5) Avec toi, nous …………… …………… plus joyeux. [être]

3 イラストを見ながら音声を聞いて、…… にフランス語を書きとりましょう。[　　] の動詞も参考にしましょう。 CD2-71

1) 

2) 

3) 

4) 

1) Si tu …………………… ton smartphone, tu …………………… comment ? [perdre / faire]

2) J' …………………… un autre smartphone ! [acheter]

3) Oh là là... …………… …………… trop optimiste ! [être]

4) Moi, je ne …………………… pas tranquille ! [être]

Je …………… …………… ! [se perdre]

LEÇON 17 Il faut que tu apprennes la langue.

言葉を学ばなくてはね。

ヴァカンス最終日。ふたりしてお気に入りの場所に出かけヴァカンスを惜しみます。
見上げる青空に飛行機雲。旅情に誘われます。

DVD 2-72

Hugo : C'est dommage que nos vacances finissent si vite.

Pierre : Demain, nous serons à Paris.

Hugo : J'aimerais voyager très loin, au Japon par exemple.

Pierre : Il faut que tu apprennes la langue.

GRAMMAIRE

1 接続法現在

DVD

▶ 接続詞 **que** (**qu'**) のあとの動詞に用いられます。
▶ 活用形は直説法現在 ils と同じ語幹に接続法現在の語尾をつけます。

直説法現在 ils の語幹と同じ語幹			例外的な語幹をもつ動詞			特殊な動詞
finir	→	~~ils~~ **finiss**~~ent~~	pouvoir	→	**puiss-**	être
arriver	→	~~ils~~ **arriv**~~ent~~	faire	→	**fass-**	avoir
venir	→	~~ils~~ **vienn**~~ent~~	aller	→	**aill-**	⇒ nous と vous の語幹に注意する動詞
prendre	→	~~ils~~ **prenn**~~ent~~	vouloir	→	**veuill-**	

2-73 2-74 2-75

finir		avoir		être	
je finisse	nous finissions	j' aie	nous ayons	je sois	nous soyons
tu finisses	vous finissiez	tu aies	vous ayez	tu sois	vous soyez
il finisse	ils finissent	il ait	ils aient	il soit	ils soient
elle finisse	elles finissent	elle ait	elles aient	elle soit	elles soient

▶ que 以下の内容が現実であっても非現実であっても、主節（下線部分）が主観的な願望、感情、義務、疑惑などの意味合いを持つとき接続法になります。 2-76

願望 Je veux qu'il ***vienne*** demain.

感情 Elle est contente qu'il ***soit*** gentil avec elle.

義務 Il faut que tu ***finisses*** ce travail aujourd'hui.

疑惑 Je ne crois pas qu'il ***soit*** malade.（crois < croire）

2 接続法過去

DVD

▶ つぎの 2 つの形があります。 2-77 2-78

1）助動詞 avoir の接続法現在 ＋ 過去分詞

2）助動詞 être の接続法現在 ＋ 過去分詞（複合過去と同じように、過去分詞は主語の性・数に一致）

finir		partir	
j' aie fini	nous ayons fini	je sois parti(e)	nous soyons parti(e)s
tu aies fini	vous ayez fini	tu sois parti(e)	vous soyez parti(e)(s)
il ait fini	ils aient fini	il soit parti	ils soient partis
elle ait fini	elles aient fini	elle soit partie	elles soient parties

▶ 接続法現在と同様の文脈のなかで que 以下の動作が完了を表わすときの時制です。 2-79

感情 Je suis content(e) que tu ***aies fini*** ce travail.

疑惑 Je ne crois pas qu'elle ***soit partie*** sans dire un mot.

VOCABULAIRE

Dialogue		
si	副	こんなに
loin	副	

Grammaire		
content, *e*	形	
croire	動	信じる
malade	形	
mot	男	

Exercices		
en retard		おくれて
étonné, *e*	形	
soirée	女	晩 / 夕べ / 宵
regretter	動	残念に思う
réussir à...	動	
triste	形	悲しい

C'est dommage que + 接続法　～なのは残念だ
par exemple　たとえば
sans dire un mot　ひとことも言わずに
C'est possible que + 接続法　～かもしれない
C'est impossible que + 接続法　～は不可能だ
faire attention à...　～に注意する

CONVERSATION

1 下線部をイラストの表現に入れ替えて練習しましょう。 2-80

Momo : Il faut <u>que tu sois à l'heure</u> !
Taro : D'accord. Tu as raison.

1) que tu [faire] tes devoirs

2) que tu [être] gentil avec elle

3) que tu [partir] tout de suite

2 DVD を見ながら練習しましょう。 DVD

EXERCICES

1 [　　] の動詞を接続法現在にして ………… に書きましょう。 2-81

例) Il faut que nous *ayons* du courage. [avoir]

1) Il ne faut pas que tu ………… en retard. [être]

2) Je voudrais que tu ne ………… pas demain. [partir]

3) C'est dommage qu'il ne ………… pas venir. [pouvoir]

4) Je suis content qu'on y ………… ensemble. [aller]

5) Je ne crois pas que ce ………… possible. [être]

2 [　　] の動詞を接続法過去にして ………… に書きましょう。 2-81'

例) Je suis étonné(e) qu'elle *ait* *dit* ça. [dire]

1) Nous sommes très heureux que vous ………… ………… . [venir]

2) Nous sommes contents que vous ………… ………… une bonne soirée. [passer]

3) Je regrette qu'elle ne ………… pas ………… hier soir. [venir]

4) C'est possible que j'………… ………… la clef. [perdre]

5) Croyez-vous qu'il ………… ………… à son examen ? [réussir]

3 イラストを見ながら音声を聞いて、………… にフランス語を書きとりましょう。[　　] の動詞も参考にしましょう。 2-82

1) 

2) 

3) 

4) 

1) Je suis ………… que tu ………… . [revenir]

2) Je ………… triste que tu ………… . [patir]

3) Il ………… que tu ………… attention aux voitures. [faire]

4) C'………… impossbile que tu ………… en France à pied. [aller]

Leçon 18

Nous t'envoyons des photos que...

写真を送ります…

楽しかったヴァカンスも終わりました。叔母さんにお礼のメールを送ります。

DVD 2-83

Chère tante Nadia,

Bonjour !
Hier soir, nous sommes rentrés à Paris comme prévu.
Nous te remercions beaucoup.
Grâce à toi, nous avons passé des vacances géniales.
Tu te souviens de Franck qui était client de l'hôtel ?
Nous parlons déjà du prochain voyage que Franck nous a proposé.
Nous t'envoyons des photos que nous avons prises.
Pierre te passe le bonjour.
Je t'embrasse.

Hugo

GRAMMAIRE

1 関係代名詞

▶ 先行詞とそれを補足説明する文をつなぐ代名詞を関係代名詞といいます。
先行詞は、4) 以外は、〈ひと〉〈もの〉いずれも可能です。 2-84

1) 先行詞 **qui** （主語）
: J'ai une tante ***qui*** habite à Paris.
: Elle a toujours un sac ***qui*** pèse plus de 5 kilos.

2) 先行詞 **que**（**qu'**）（直接目的語）
: La fille ***que*** tu regardes est charmante.
: Les photos ***qu'***il a prises* sont très belles.
＊過去分詞は先行詞の性・数に一致

3) **de +** 先行詞 **dont** （主語や目的語などの補語）
: Nous allons voir ce film ***dont*** on parle beaucoup.
: C'est un écrivain ***dont*** le dernier ouvrage se vend comme des petits pains.

4) 先行詞 **où** （場所 / 時）
: Le quartier ***où*** j'habite est très agréable.
: Je n'oublierai jamais le jour ***où*** j'ai rencontré Marie.

2 強調構文

▶ 平叙文の主語や目的語あるいは状況補語（場所 / 時など）を強調するときの形です。

平叙文：Hier, j'ai vu Paul dans le train.

強調文：① **C'est** 主 語 **qui**...　（主語を強調する） 2-85

C'est moi* ***qui*** ai vu Paul hier dans le train.

＊主語が代名詞の場合は、強勢形人称代名詞を用います。⇒ L6

② **C'est** 主語以外 **que**（**qu'**)...　（主語以外を強調する）

C'est Paul ***que*** j'ai vu hier dans le train.

C'est hier ***que*** j'ai vu Paul dans le train.

C'est dans le train ***que*** j'ai vu Paul hier.

3 ジェロンディフ 2-86

▶〈en ＋現在分詞〉の形を**ジェロンデイフ**といいます。現在分詞は原則として半過去（p.61）の語幹に ant をつけます。さまざまな副詞節に相当する便利な表現です。

同時性　: Il prend une douche ***en chantant***. ［chanter］

条件　: ***En prenant*** un taxi, je serai à l'heure. ［prendre］

譲歩　: Tout ***en étant*** malade, il est venu. ［être］　＊譲歩のときは tout を伴う伴うことが多い。

理由・手段：On apprend beaucoup ***en voyageant***. ［voyager］

VOCABULAIRE

Dialogue		
cher, *ère*	形	親愛な
remercier	動	
grâce à...		～のおかげで
voyage	男	
proposer	動	
envoyer	動	
embrasser	動	抱擁する

Grammaire		
peser	動	重さがある
plus de...		～以上の
charmant, *e*	形	
écrivain	男	
ouvrage	男	著作
se vendre	動	売れる
quartier	男	
agréable	形	

Exercices		
super	形	すばらしい
classique	形	古典の
maintenant	副	今
carte postale	女	絵はがき
se rappeler	動	
moment	男	機会 / 時
amusant, *e*		
région	女	

comme prévu　予定どおり
dernier ouvrage　最新作

comme des petits pains　飛ぶように
au plaisir de...　～を楽しみに

◆ メールや手紙で使う結びの表現　2-87

Mes parents te ***passent le bonjour***.
Je vous embrasse.　***Je t'embrasse***.
Au plaisir de vous revoir !
Amicalement.

CONVERSATION

1 フランクからの絵はがきにピエールが返信した手紙です。音声を聞いて、........ にフランス語を書きとりましょう。[　　] の動詞も参考にしましょう。　2-88

> .... Franck,
> .... !
> Je .... pour votre carte postale.
> Je me rappelle le moment ...... je vous .... [rencontrer] .
> Vous .... [être] très amusant !
> C'est .... que nous .... [passer] les meilleurs moments.
> Notre prochain voyage .... [être] en Normandie, une région .... est si belle...
> Au plaisir de .... !
> Amicalement,
>
> Pierre

EXERCICES

1 .... に関係代名詞を入れて文を完成しましょう。 2-89

例) Le portable *qu'* il vient d'acheter est super.

1) J'ai un chat .... s'appelle Meï.

2) Voilà le livre .... je cherchais depuis hier.

3) Paris, c'est la ville .... je suis né(e).

4) J'ai un ami .... le père est acteur.

2 下線部を強調する文を............に書きましょう。 2-89'

例) <u>Tu</u> m'as téléphoné tout à l'heure ?

→ *C'est toi qui m'as téléphoné tout à l'heure ?*

1) <u>J</u>'ai acheté ce CD.

→ ....

2) Tu aimes <u>la musique classique</u> ?

→ ....

3) Elle partira pour la France <u>demain</u> ?

→ ....

4) Il est <u>en France</u> maintenant ?

→ ....

3 ジェロンディフに下線を引き、全文を和訳しましょう。文脈でジェロンディフの意味が変わることに注目しましょう（[　]内は現在分詞の不定詞）。 2-89'

1) Elle est venue en courant. [courir]

....

2) Je me suis tombée en descendant les escaliers. [descendre]

....

3) Tu vas tomber en courant. [courir]

....

4) Tout en travaillant bien, je n'ai pas réussi. [travailler]

....

綴り字と発音の規則

フランス語の綴り字と発音の関係は、きわめて規則的です。

1 語末の規則

CD2-90

1）語末の子音字：

① 原則として発音しない。　chocolat　Paris　grand　prix

② 語末が c, f, l, r, の場合は発音することが多い。　avec　chef　bol　pour

2）語末の e は発音しない。　texte　classe　adresse　artiste

2 母音の規則

1）**単母音字**（ひとつの母音字）：単純にひとつの音で発音するが、次の点に注意。

CD2-91

*　u は「ウ」でなく「ユ」と発音する。

** 綴り字記号のつかない e の発音には「無音」「ウ」「エ」の 3 通りの読み方がある。

a	**à**	**â**	[a][ɑ]	à la carte	âge		[alakart] [ɑːʒ]
i	**î**	**y**	[i]	titre	style		[titr] [stil]
o	**ô**		[o][ɔ]	rose	potage		[roːz] [pɔtaːʒ]
é	**è**	**ê**	[e][ɛ]	café	crème	crêpe	[kafe] [krɛm] [krɛp]
u*	**û**		[y]	début	flûte		[deby] [flyt]
e**			発音しない	élève	promenade		[elɛːv] [prɔmnad]
			[ə]	je	menu		[ʒə] [məny]
			[e][ɛ]	ces	merci		[se] [mɛrsi]

2）**複母音字**（連続した 2 つあるいは 3 つの母音字）：ひとつの母音で発音する次の規則がある。

CD2-92

ai	**ei**		[ɛ][e]	Seine	maison		[sɛn] [mɛzɔ̃]
au	**eau**		[o][ɔ]	sauce	château		[sos] [ʃɑto]
ou	**où**	**oû**	[u]	bonjour	boutique		[bɔ̃ʒuːr] [butik]
eu	**œu**		[ø][œ]	bleu	fleur	sœur	[blø] [flœːr] [sœːr]

3）**母音字＋ m, n**：息を鼻にぬく母音（鼻母音）となる。

CD2-93

an am en em	[ɑ̃]	pantalon	ensemble	[pɑ̃talɔ̃] [ɑ̃sɑ̃bl]
in im yn ym	[ɛ̃]	simple	symbole	[sɛ̃pl] [sɛ̃bɔl]
ain aim ein eim	[ɛ̃]	pain	faim	[pɛ̃] [fɛ̃]
un um	[œ̃]	lundi	parfum	[lœ̃di] [parfœ̃]
on om	[ɔ̃]	salon	concours	[salɔ̃] [kɔ̃kuːr]
oin	[wɛ̃]	moins	loin	[mwɛ̃] [lwɛ̃]

4) 半母音 [j] [ɥ] [w]：母音 [i] [y] [u] を短く、あるいはやわらかく発音する。 CD2-94

i + 母音字	[j 母音]	piano	pied	[pjano] [pje]
ou + 母音字	[w 母音]	oui		[wi]
u + 母音字	[ɥ 母音]	nuance	nuit	[nɥɑ̃s] [nɥi]
ay oy uy	[ɛj] [waj] [ɥj]	crayon	voyage	[krɛjɔ̃] [vwajaʒ]
oi oî	[wa]	croissant	boîte	[krwasɑ̃] [bwat]
ail	[aj]	travail		[travaj]
eil	[ɛj]	soleil		[sɔlɛj]
ill	[ij]	fille	famille	[fij] [famij]

3 子音の規則

CD2-95

l と **r**	[l] [r]	lit	riz		[li] [ri]
		long	rond		[lɔ̃] [rɔ̃]
		père	gratin		[pɛːr] [gratɛ̃]
c + a, o, u	[k]	café	comme	cuisine	[kafe] [kɔm] [kɥizin]
c + e, i, y	[s]	ceci	cinéma	cycle	[səsi] [sinema][sikl]
ç + a, o, u	[s]	ça	garçon		[sa] [garsɔ̃]
g + a, o, u	[g]	gomme	légume		[gɔm] [legym]
g + e, i, y	[ʒ]	garage	magique		[garaːʒ] [maʒik]
gu + e, i, y	[g]	guide	guerre		[gid] [gɛːr]
ch	[ʃ]	chanson	chocolat		[ʃɑ̃sɔ̃] [ʃɔkɔla]
ph	[f]	photo	symphonie		[fɔto] [sɛ̃fɔni]
th	[t]	cathédrale	thé		[katedral] [te]
h	発音しない	hôtel	harmonie		[ɔtɛl] [armɔni]
gn	[ɲ]	cognac	signal		[kɔɲak] [siɲal]
qu	[k]	quatre	qui	question	[katr] [ki] [kɛstjɔ̃]
母音字 + **s** + 母音字	[z]	désert	poison		[dezɛːr] [pwazɔ̃]
母音字 + **ss** + 母音字	[s]	dessert	poisson		[desɛːr] [pwasɔ̃]

疑問詞のまとめ

疑問形容詞

quel 男単　**quelle** 女単 **quels** 男複　**quelles** 女複	どの〜 どんな〜	***Quel*** âge avez-vous ?　Tu as ***quel*** âge ? ***Quelles*** sont les conditions ?	p.29

疑問代名詞

qui	これは誰？ 誰が〜？ 誰を〜？	***Qui*** est-ce ? / C'est ***qui*** ? ***Qui*** chante ? ***Qui*** cherches-tu ? / ***Qui*** *est-ce que* tu cherches ?	p.14 p.51
que qu'+ 母音字 quoi（文頭以外で）	これは何？ 何が〜 何を〜	***Qu'***est-ce que c'est ? / C'est ***quoi*** ? ***Qu'***est-ce qui est là ? ***Que*** cherches-tu ? / ***Qu'****est-ce que* tu cherches ?	p.14 p.16

疑問副詞

quand	いつ？	C'est ***quand*** ton anniversaire ? ***Quand*** partez-vous ?	p.22
où **d'où**	どこに？ どこから	***Où*** *est-ce que* vous allez ? / Vous allez ***où*** ? ***Où*** allez-vous ? ***D'où*** venez-vous ?	p.25
comment	どのように？ どのような？	***Comment*** viens-tu à la fac ? On fait ***comment*** ? Tu t'appelles ***comment*** ? ***Comment*** est-il ?	p.26 p.20 p.43 p.39
combien **combien de（d'）**	いくら？ 何人 / いくつの？	C'est ***combien*** ? ***Combien de*** sœurs as-tu ?	p.42 p.47
pourquoi	なぜ？	***Pourquoi*** tu n'es pas venu(e) hier ?	p.62

国名・国民名・言語のまとめ

国名	（〜に / 〜で）	（〜から）	国民名（〜人）*	国語（〜語）**	（〜語で）
la France 女	en France	de France	Français(e)	le français	en français
la Chine 女	en Chine	de Chine	Chinois(e)	le chinois	en chinois
l'Allemagne 女	en Allemagne	d'Allemagne	Allemand(e)	l'allemand	en allemand
l'Angleterre 女	en Angleterre	d'Angleterre	Anglais(e)	l'anglais	en anglais
l'Italie 女	en Italie	d'Italie	Italien(ne)	l'italien	en italien
l'Espagne 女	en Espagne	d'Espagne	Espagnol(e)	l'espagnol	en espagnol
le Japon 男	au Japon	du Japon	Japonais(e)	le japonais	en japonais
le Canada 男	au Canada	du Canada	Canadien(ne)		

＊「〜人です」〈être + 〜人〉の場合、語頭は小文字。Je suis japonais.

＊＊「〜語を話す」〈parler + 〜語〉の場合、無冠詞で言うことも多い。Je parle français.

品詞別文法事項索引

CULTURE FRANÇAISE

フランスの各地の風景やさまざまな生活習慣を収録した映像です。DVD でお楽しみください。

DVD

1. **Paris**（ぼくらの住む街パリ）
2. **Se dire bonjour**（フランス式挨拶の方法）
3. **Conduire**（フランス式車の運転）
4. **Les régions de France**（フランスの地方の風景）
5. **Les fromages**（チーズ大国フランス）
6. **L’école**（フランスの学校）
7. **Le petit déjeuner**（フランスの朝食）
8. **Parler avec des gestes**（ジェスチャーで話す）
9. **Les fêtes**（フランスのパーティー）
10. **Le marché en France**（青空市場）
11. **Des monuments**（歴史的記念建造物）
12. **Au restaurant**（レストランで）
13. **Filer la laine à l’ancienne**（ 昔ながらに糸をつむぐ）
14. **Le vin**（ワイン大国フランス）
15. **Le littoral**（海辺で）
16. **À la campagne**（田舎には…）

日本とフランス

面積	543,965㎢	377,914㎢
人口	約6千5百万人	約1億2千7百万人

フランス本土の面積は日本のおよそ1,5倍
フランスの人口は日本のおよそ半分

距離　Paris-Tokyo およそ9千6百km　飛行機で約11時間

フランスの地図

Grande-Bretagne
Belgique
Luxembourg
Allemagne
MANCHE
Mont-St.
Michel
Seine
Reims
Nancy
Strasbourg
Paris
Rennes
Orléans
Tours
Nantes
Loire
Dijon
Suisse
OCEAN
ATLANTIQUE
Lyon
Rhône
Italie
N
O
E
S
Sarlat
Bordeaux
Garonne
Monaco
Avignon
Nice
Arles
Toulouse
Marseille
MER
MEDITERRANEE
Espagne
Andorre

Message

Vous le savez peut-être déjà mais un des sports les plus pratiqués en France est le Judo et nous pouvons dire que c'est en partie pour cela que beaucoup de Français connaissent un peu le Japon.

Nous avons essayé pour notre part de montrer de nombreux aspects de la France qui est un pays riche de diversités régionales, avec des Français ayant des manières de s'exprimer et des habitudes de vie parfois différentes.

Nous avons donc essayé de parcourir le plus possible les divers aspects culturels de la France et des Français.

Il vous reste néanmoins beaucoup de choses à découvrir et à apprendre !

Les réalisateurs

著者紹介
小笠原洋子（おがさわら ようこ）
元・安田女子大学ほか非常勤講師

ピエールとユゴー［三訂版］（DVD 付）

2019 年 2 月 10 日　第 1 刷発行
2024 年 4 月 20 日　第 8 刷発行

著　者©　小笠原洋子
発行者　岩堀雅己
印刷・製本　図書印刷株式会社

発行所　株式会社白水社
〒101-0052 東京都千代田区神田小川町 3 の 24
電話 03-3291-7811（営業部），7821（編集部）
www.hakusuisha.co.jp
乱丁・落丁本は送料小社負担にてお取り替えいたします。

振替　00190-5-33228　Printed in Japan

ISBN978-4-560-06130-5

動詞活用表

1 avoir
2 être
3 aimer
4 finir
5 acheter
6 aller
7 appeler
8 asseoir
9 battre
10 boire
11 conduire
12 connaître
13 courir
14 craindre
15 croire
16 devoir
17 dire
18 écrire
19 employer
20 envoyer
21 faire
22 falloir
23 fuir
24 lire
25 manger
26 mettre
27 mourir
28 naître
29 ouvrir
30 partir
31 payer
32 placer
33 plaire
34 pleuvoir
35 pouvoir
36 préférer
37 prendre
38 recevoir
39 rendre
40 résoudre
41 rire
42 savoir
43 suffire
44 suivre
45 vaincre
46 valoir
47 venir
48 vivre
49 voir
50 vouloir

不定法	直説法			
① **avoir** 現在分詞 ayant 過去分詞 eu [y]	現在 j' **ai** [e] tu **as** il **a** nous **avons** vous **avez** ils **ont**	半過去 j' **avais** tu **avais** il **avait** nous **avions** vous **aviez** ils **avaient**	単純過去 j' **eus** [y] tu **eus** il **eut** nous **eûmes** vous **eûtes** ils **eurent**	単純未来 j' **aurai** tu **auras** il **aura** nous **aurons** vous **aurez** ils **auront**
	複合過去 j' ai eu tu as eu il a eu nous avons eu vous avez eu ils ont eu	大過去 j' avais eu tu avais eu il avait eu nous avions eu vous aviez eu ils avaient eu	前過去 j' eus eu tu eus eu il eut eu nous eûmes eu vous eûtes eu ils eurent eu	前未来 j' aurai eu tu auras eu il aura eu nous aurons eu vous aurez eu ils auront eu
② **être** 現在分詞 étant 過去分詞 été	現在 je **suis** tu **es** il **est** nous **sommes** vous **êtes** ils **sont**	半過去 j' **étais** tu **étais** il **était** nous **étions** vous **étiez** ils **étaient**	単純過去 je **fus** tu **fus** il **fut** nous **fûmes** vous **fûtes** ils **furent**	単純未来 je **serai** tu **seras** il **sera** nous **serons** vous **serez** ils **seront**
	複合過去 j' ai été tu as été il a été nous avons été vous avez été ils ont été	大過去 j' avais été tu avais été il avait été nous avions été vous aviez été ils avaient été	前過去 j' eus été tu eus été il eut été nous eûmes été vous eûtes été ils eurent été	前未来 j' aurai été tu auras été il aura été nous aurons été vous aurez été ils auront été
③ **aimer** 現在分詞 aimant 過去分詞 aimé	現在 j' aim**e** tu aim**es** il aim**e** nous aim**ons** vous aim**ez** ils aim**ent**	半過去 j' aim**ais** tu aim**ais** il aim**ait** nous aim**ions** vous aim**iez** ils aim**aient**	単純過去 j' aim**ai** tu aim**as** il aim**a** nous aim**âmes** vous aim**âtes** ils aim**èrent**	単純未来 j' aime**rai** tu aime**ras** il aime**ra** nous aime**rons** vous aime**rez** ils aime**ront**
第1群 **規則動詞**	複合過去 j' ai aimé tu as aimé il a aimé nous avons aimé vous avez aimé ils ont aimé	大過去 j' avais aimé tu avais aimé il avait aimé nous avions aimé vous aviez aimé ils avaient aimé	前過去 j' eus aimé tu eus aimé il eut aimé nous eûmes aimé vous eûtes aimé ils eurent aimé	前未来 j' aurai aimé tu auras aimé il aura aimé nous aurons aimé vous aurez aimé ils auront aimé
④ **finir** 現在分詞 finissant 過去分詞 fini	現在 je fini**s** tu fini**s** il fini**t** nous finiss**ons** vous finiss**ez** ils finiss**ent**	半過去 je finiss**ais** tu finiss**ais** il finiss**ait** nous finiss**ions** vous finiss**iez** ils finiss**aient**	単純過去 je fini**s** tu fini**s** il fini**t** nous fin**îmes** vous fin**îtes** ils fini**rent**	単純未来 je fini**rai** tu fini**ras** il fini**ra** nous fini**rons** vous fini**rez** ils fini**ront**
第2群 **規則動詞**	複合過去 j' ai fini tu as fini il a fini nous avons fini vous avez fini ils ont fini	大過去 j' avais fini tu avais fini il avait fini nous avions fini vous aviez fini ils avaient fini	前過去 j' eus fini tu eus fini il eut fini nous eûmes fini vous eûtes fini ils eurent fini	前未来 j' aurai fini tu auras fini il aura fini nous aurons fini vous aurez fini ils auront fini

条件法	接続法		命令法
現在 j' au**rais** tu au**rais** il au**rait** nous au**rions** vous au**riez** ils au**raient**	現在 j' ai**e** [ɛ] tu ai**es** il ai**t** nous ay**ons** vous ay**ez** ils ai**ent**	半過去 j' **eusse** tu **eusses** il **eût** nous **eussions** vous **eussiez** ils **eussent**	 ai**e** ay**ons** ay**ez**
過去 j' aurais eu tu aurais eu il aurait eu nous aurions eu vous auriez eu ils auraient eu	過去 j' aie eu tu aies eu il ait eu nous ayons eu vous ayez eu ils aient eu	大過去 j' eusse eu tu eusses eu il eût eu nous eussions eu vous eussiez eu ils eussent eu	
現在 je se**rais** tu se**rais** il se**rait** nous se**rions** vous se**riez** ils se**raient**	現在 je sois tu sois il soit nous soy**ons** vous soy**ez** ils soi**ent**	半過去 je **fusse** tu **fusses** il **fût** nous **fussions** vous **fussiez** ils **fussent**	 sois soy**ons** soy**ez**
過去 j' aurais été tu aurais été il aurait été nous aurions été vous auriez été ils auraient été	過去 j' aie été tu aies été il ait été nous ayons été vous ayez été ils aient été	大過去 j' eusse été tu eusses été il eût été nous eussions été vous eussiez été ils eussent été	
現在 j' aime**rais** tu aime**rais** il aime**rait** nous aime**rions** vous aime**riez** ils aime**raient**	現在 j' aim**e** tu aim**es** il aim**e** nous aim**ions** vous aim**iez** ils aim**ent**	半過去 j' aim**asse** tu aim**asses** il aim**ât** nous aim**assions** vous aim**assiez** ils aim**assent**	 aim**e** aim**ons** aim**ez**
過去 j' aurais aimé tu aurais aimé il aurait aimé nous aurions aimé vous auriez aimé ils auraient aimé	過去 j' aie aimé tu aies aimé il ait aimé nous ayons aimé vous ayez aimé ils aient aimé	大過去 j' eusse aimé tu eusses aimé il eût aimé nous eussions aimé vous eussiez aimé ils eussent aimé	
現在 je fini**rais** tu fini**rais** il fini**rait** nous fini**rions** vous fini**riez** ils fini**raient**	現在 je finiss**e** tu finiss**es** il finiss**e** nous finiss**ions** vous finiss**iez** ils finiss**ent**	半過去 je fin**isse** tu fin**isses** il fin**ît** nous fin**issions** vous fin**issiez** ils fin**issent**	 fini**s** finiss**ons** finiss**ez**
過去 j' aurais fini tu aurais fini il aurait fini nous aurions fini vous auriez fini ils auraient fini	過去 j' aie fini tu aies fini il ait fini nous ayons fini vous ayez fini ils aient fini	大過去 j' eusse fini tu eusses fini il eût fini nous eussions fini vous eussiez fini ils eussent fini	

不定法 現在分詞 過去分詞	直説法			
	現在	半過去	単純過去	単純未来
⑤ **acheter** achetant acheté	j' ach**è**te tu ach**è**tes il ach**è**te n. achetons v. achetez ils ach**è**tent	j' achetais tu achetais il achetait n. achetions v. achetiez ils achetaient	j' achetai tu achetas il acheta n. achetâmes v. achetâtes ils achetèrent	j' ach**è**terai tu ach**è**teras il ach**è**tera n. ach**è**terons v. ach**è**terez ils ach**è**teront
⑥ **aller** allant allé	je **vais** tu **vas** il **va** n. allons v. allez ils **vont**	j' allais tu allais il allait n. allions v. alliez ils allaient	j' allai tu allas il alla n. allâmes v. allâtes ils allèrent	j' **i**rai tu **i**ras il **i**ra n. **i**rons v. **i**rez ils **i**ront
⑦ **appeler** appelant appelé	j' appe**ll**e tu appe**ll**es il appe**ll**e n. appelons v. appelez ils appe**ll**ent	j' appelais tu appelais il appelait n. appelions v. appeliez ils appelaient	j' appelai tu appelas il appela n. appelâmes v. appelâtes ils appelèrent	j' appe**ll**erai tu appe**ll**eras il appe**ll**era n. appe**ll**erons v. appe**ll**erez ils appe**ll**eront
⑧ **asseoir** asseyant (assoyant) assis	j' assieds [asje] tu assieds il assied n. asseyons v. asseyez ils asseyent ----- j' assois tu assois il assoit n. assoyons v. assoyez ils assoient	j' asseyais tu asseyais il asseyait n. asseyions v. asseyiez ils asseyaient ----- j' assoyais tu assoyais il assoyait n. assoyions v. assoyiez ils assoyaient	j' assis tu assis il assit n. assîmes v. assîtes ils assirent	j' assiérai tu assiéras il assiéra n. assiérons v. assiérez ils assiéront ----- j' assoirai tu assoiras il assoira n. assoirons v. assoirez ils assoiront
⑨ **battre** battant battu	je bats tu bats il bat n. battons v. battez ils battent	je battais tu battais il battait n. battions v. battiez ils battaient	je battis tu battis il battit n. battîmes v. battîtes ils battirent	je battrai tu battras il battra n. battrons v. battrez ils battront
⑩ **boire** buvant bu	je bois tu bois il boit n. buvons v. buvez ils boivent	je buvais tu buvais il buvait n. buvions v. buviez ils buvaient	je bus tu bus il but n. bûmes v. bûtes ils burent	je boirai tu boiras il boira n. boirons v. boirez ils boiront
⑪ **conduire** conduisant conduit	je conduis tu conduis il conduit n. conduisons v. conduisez ils conduisent	je conduisais tu conduisais il conduisait n. conduisions v. conduisiez ils conduisaient	je conduisis tu conduisis il conduisit n. conduisîmes v. conduisîtes ils conduisirent	je conduirai tu conduiras il conduira n. conduirons v. conduirez ils conduiront

条件法	接続法		命令法	同型
現在	現在	半過去		
j' ach**è**terais tu ach**è**terais il ach**è**terait n. ach**è**terions v. ach**è**teriez ils ach**è**teraient	j' ach**è**te tu ach**è**tes il ach**è**te n. achetions v. achetiez ils ach**è**tent	j' achetasse tu achetasses il achetât n. achetassions v. achetassiez ils achetassent	achète achetons achetez	achever lever mener promener soulever
j' **ir**ais tu **ir**ais il **ir**ait n. **ir**ions v. **ir**iez ils **ir**aient	j' **aill**e tu **aill**es il **aill**e n. allions v. alliez ils **aill**ent	j' allasse tu allasses il allât n. allassions v. allassiez ils allassent	**va** allons allez	
j' appe**ll**erais tu appe**ll**erais il appe**ll**erait n. appe**ll**erions v. appe**ll**eriez ils appe**ll**eraient	j' appe**ll**e tu appe**ll**es il appe**ll**e n. appelions v. appeliez ils appe**ll**ent	j' appelasse tu appelasses il appelât n. appelassions v. appelassiez ils appelassent	appe**ll**e appelons appelez	jeter rappeler
j' assiérais tu assiérais il assiérait n. assiérions v. assiériez ils assiéraient	j' asseye [asɛj] tu asseyes il asseye n. asseyions v. asseyiez ils asseyent	j' assisse tu assisses il assît n. assissions v. assissiez ils assissent	assieds asseyons asseyez	注 主として代名動詞s'asseoirで使われる.
j' assoirais tu assoirais il assoirait n. assoirions v. assoiriez ils assoiraient	j' assoie tu assoies il assoie n. assoyions v. assoyiez ils assoient		assois assoyons assoyez	
je battrais tu battrais il battrait n. battrions v. battriez ils battraient	je batte tu battes il batte n. battions v. battiez ils battent	je battisse tu battisses il battît n. battissions v. battissiez ils battissent	bats battons battez	abattre combattre
je boirais tu boirais il boirait n. boirions v. boiriez ils boiraient	je boive tu boives il boive n. buvions v. buviez ils boivent	je busse tu busses il bût n. bussions v. bussiez ils bussent	bois buvons buvez	
je conduirais tu conduirais il conduirait n. conduirions v. conduiriez ils conduiraient	je conduise tu conduises il conduise n. conduisions v. conduisiez ils conduisent	je conduisisse tu conduisisses il conduisît n. conduisissions v. conduisissiez ils conduisissent	conduis conduisons conduisez	construire détruire instruire introduire produire traduire

不定法 現在分詞 過去分詞	直説法			
	現在	半過去	単純過去	単純未来
⑫ **connaître** connaissant connu	je connais tu connais il connaît n. connaissons v. connaissez ils connaissent	je connaissais tu connaissais il connaissait n. connaissions v. connaissiez ils connaissaient	je connus tu connus il connut n. connûmes v. connûtes ils connurent	je connaîtrai tu connaîtras il connaîtra n. connaîtrons v. connaîtrez ils connaîtront
⑬ **courir** courant couru	je cours tu cours il court n. courons v. courez ils courent	je courais tu courais il courait n. courions v. couriez ils couraient	je courus tu courus il courut n. courûmes v. courûtes ils coururent	je courrai tu courras il courra n. courrons v. courrez ils courront
⑭ **craindre** craignant craint	je crains tu crains il craint n. craignons v. craignez ils craignent	je craignais tu craignais il craignait n. craignions v. craigniez ils craignaient	je craignis tu craignis il craignit n. craignîmes v. craignîtes ils craignirent	je craindrai tu craindras il craindra n. craindrons v. craindrez ils craindront
⑮ **croire** croyant cru	je crois tu crois il croit n. croyons v. croyez ils croient	je croyais tu croyais il croyait n. croyions v. croyiez ils croyaient	je crus tu crus il crut n. crûmes v. crûtes ils crurent	je croirai tu croiras il croira n. croirons v. croirez ils croiront
⑯ **devoir** devant dû, due, dus, dues	je dois tu dois il doit n. devons v. devez ils doivent	je devais tu devais il devait n. devions v. deviez ils devaient	je dus tu dus il dut n. dûmes v. dûtes ils durent	je devrai tu devras il devra n. devrons v. devrez ils devront
⑰ **dire** disant dit	je dis tu dis il dit n. disons v. dites ils disent	je disais tu disais il disait n. disions v. disiez ils disaient	je dis tu dis il dit n. dîmes v. dîtes ils dirent	je dirai tu diras il dira n. dirons v. direz ils diront
⑱ **écrire** écrivant écrit	j' écris tu écris il écrit n. écrivons v. écrivez ils écrivent	j' écrivais tu écrivais il écrivait n. écrivions v. écriviez ils écrivaient	j' écrivis tu écrivis il écrivit n. écrivîmes v. écrivîtes ils écrivirent	j' écrirai tu écriras il écrira n. écrirons v. écrirez ils écriront
⑲ **employer** employant employé	j' emploie tu emploies il emploie n. employons v. employez ils emploient	j' employais tu employais il employait n. employions v. employiez ils employaient	j' employai tu employas il employa n. employâmes v. employâtes ils employèrent	j' emploierai tu emploieras il emploiera n. emploierons v. emploierez ils emploieront

条件法	接続法		命令法	同型
現在	現在	半過去		
je connaîtrais tu connaîtrais il connaîtrait n. connaîtrions v. connaîtriez ils connaîtraient	je connaisse tu connaisses il connaisse n. connaissions v. connaissiez ils connaissent	je connusse tu connusses il connût n. connussions v. connussiez ils connussent	 connais connaissons connaissez	apparaître disparaître paraître reconnaître
je courrais tu courrais il courrait n. courrions v. courriez ils courraient	je coure tu coures il coure n. courions v. couriez ils courent	je courusse tu courusses il courût n. courussions v. courussiez ils courussent	 cours courons courez	accourir parcourir
je craindrais tu craindrais il craindrait n. craindrions v. craindriez ils craindraient	je craigne tu craignes il craigne n. craignions v. craigniez ils craignent	je craignisse tu craignisses il craignît n. craignissions v. craignissiez ils craignissent	 crains craignons craignez	atteindre éteindre joindre peindre plaindre
je croirais tu croirais il croirait n. croirions v. croiriez ils croiraient	je croie tu croies il croie n. croyions v. croyiez ils croient	je crusse tu crusses il crût n. crussions v. crussiez ils crussent	 crois croyons croyez	
je devrais tu devrais il devrait n. devrions v. devriez ils devraient	je doive tu doives il doive n. devions v. deviez ils doivent	je dusse tu dusses il dût n. dussions v. dussiez ils dussent		
je dirais tu dirais il dirait n. dirions v. diriez ils diraient	je dise tu dises il dise n. disions v. disiez ils disent	je disse tu disses il dît n. dissions v. dissiez ils dissent	 dis disons dites	
j' écrirais tu écrirais il écrirait n. écririons v. écririez ils écriraient	j' écrive tu écrives il écrive n. écrivions v. écriviez ils écrivent	j' écrivisse tu écrivisses il écrivît n. écrivissions v. écrivissiez ils écrivissent	 écris écrivons écrivez	décrire inscrire
j' emploierais tu emploierais il emploierait n. emploierions v. emploieriez ils emploieraient	j' emploie tu emploies il emploie n. employions v. employiez ils emploient	j' employasse tu employasses il employât n. employassions v. employassiez ils employassent	 emploie employons employez	aboyer nettoyer noyer tutoyer

不定法 現在分詞 過去分詞	直説法			
	現在	半過去	単純過去	単純未来
⑳ **envoyer** envoyant envoyé	j' envoie tu envoies il envoie n. envoyons v. envoyez ils envoient	j' envoyais tu envoyais il envoyait n. envoyions v. envoyiez ils envoyaient	j' envoyai tu envoyas il envoya n. envoyâmes v. envoyâtes ils envoyèrent	j' enverrai tu enverras il enverra n. enverrons v. enverrez ils enverront
㉑ **faire** faisant [fəzɑ̃] fait	je fais [fɛ] tu fais il fait n. faisons [fəzɔ̃] v. **faites** [fɛt] ils **font**	je faisais [fəzɛ] tu faisais il faisait n. faisions v. faisiez ils faisaient	je fis tu fis il fit n. fîmes v. fîtes ils firent	je ferai tu feras il fera n. ferons v. ferez ils feront
㉒ **falloir** — fallu	il faut	il fallait	il fallut	il faudra
㉓ **fuir** fuyant fui	je fuis tu fuis il fuit n. fuyons v. fuyez ils fuient	je fuyais tu fuyais il fuyait n. fuyions v. fuyiez ils fuyaient	je fuis tu fuis il fuit n. fuîmes v. fuîtes ils fuirent	je fuirai tu fuiras il fuira n. fuirons v. fuirez ils fuiront
㉔ **lire** lisant lu	je lis tu lis il lit n. lisons v. lisez ils lisent	je lisais tu lisais il lisait n. lisions v. lisiez ils lisaient	je lus tu lus il lut n. lûmes v. lûtes ils lurent	je lirai tu liras il lira n. lirons v. lirez ils liront
㉕ **manger** mang**e**ant mangé	je mange tu manges il mange n. mang**e**ons v. mangez ils mangent	je mang**e**ais tu mang**e**ais il mang**e**ait n. mangions v. mangiez ils mang**e**aient	je mang**e**ai tu mang**e**as il mang**e**a n. mang**e**âmes v. mang**e**âtes ils mangèrent	je mangerai tu mangeras il mangera n. mangerons v. mangerez ils mangeront
㉖ **mettre** mettant mis	je mets tu mets il met n. mettons v. mettez ils mettent	je mettais tu mettais il mettait n. mettions v. mettiez ils mettaient	je mis tu mis il mit n. mîmes v. mîtes ils mirent	je mettrai tu mettras il mettra n. mettrons v. mettrez ils mettront
㉗ **mourir** mourant mort	je meurs tu meurs il meurt n. mourons v. mourez ils meurent	je mourais tu mourais il mourait n. mourions v. mouriez ils mouraient	je mourus tu mourus il mourut n. mourûmes v. mourûtes ils moururent	je mourrai tu mourras il mourra n. mourrons v. mourrez ils mourront

条 件 法	接 続 法		命 令 法	同 型
現 在	現 在	半 過 去		
j' enverrais tu enverrais il enverrait n. enverrions v. enverriez ils enverraient	j' envoie tu envoies il envoie n. envoyions v. envoyiez ils envoient	j' envoyasse tu envoyasses il envoyât n. envoyassions v. envoyassiez ils envoyassent	envoie envoyons envoyez	renvoyer
je ferais tu ferais il ferait n. ferions v. feriez ils feraient	je fasse tu fasses il fasse n. fassions v. fassiez ils fassent	je fisse tu fisses il fît n. fissions v. fissiez ils fissent	fais faisons faites	défaire refaire satisfaire
il faudrait	il faille	il fallût		
je fuirais tu fuirais il fuirait n. fuirions v. fuiriez ils fuiraient	je fuie tu fuies il fuie n. fuyions v. fuyiez ils fuient	je fuisse tu fuisses il fuît n. fuissions v. fuissiez ils fuissent	fuis fuyons fuyez	s'enfuir
je lirais tu lirais il lirait n. lirions v. liriez ils liraient	je lise tu lises il lise n. lisions v. lisiez ils lisent	je lusse tu lusses il lût n. lussions v. lussiez ils lussent	lis lisons lisez	élire relire
je mangerais tu mangerais il mangerait n. mangerions v. mangeriez ils mangeraient	je mange tu manges il mange n. mangions v. mangiez ils mangent	je mangeasse tu mangeasses il mangeât n. mangeassions v. mangeassiez ils mangeassent	mange mangeons mangez	changer déranger nager obliger partager voyager
je mettrais tu mettrais il mettrait n. mettrions v. mettriez ils mettraient	je mette tu mettes il mette n. mettions v. mettiez ils mettent	je misse tu misses il mît n. missions v. missiez ils missent	mets mettons mettez	admettre commettre permettre promettre remettre
je mourrais tu mourrais il mourrait n. mourrions v. mourriez ils mourraient	je meure tu meures il meure n. mourions v. mouriez ils meurent	je mourusse tu mourusses il mourût n. mourussions v. mourussiez ils mourussent	meurs mourons mourez	

不定法 現在分詞 過去分詞	直説法			
	現在	半過去	単純過去	単純未来
㉘ **naître** naissant né	je nais tu nais il naît n. naissons v. naissez ils naissent	je naissais tu naissais il naissait n. naissions v. naissiez ils naissaient	je naquis tu naquis il naquit n. naquîmes v. naquîtes ils naquirent	je naîtrai tu naîtras il naîtra n. naîtrons v. naîtrez ils naîtront
㉙ **ouvrir** ouvrant ouvert	j' ouvre tu ouvres il ouvre n. ouvrons v. ouvrez ils ouvrent	j' ouvrais tu ouvrais il ouvrait n. ouvrions v. ouvriez ils ouvraient	j' ouvris tu ouvris il ouvrit n. ouvrîmes v. ouvrîtes ils ouvrirent	j' ouvrirai tu ouvriras il ouvrira n. ouvrirons v. ouvrirez ils ouvriront
㉚ **partir** partant parti	je pars tu pars il part n. partons v. partez ils partent	je partais tu partais il partait n. partions v. partiez ils partaient	je partis tu partis il partit n. partîmes v. partîtes ils partirent	je partirai tu partiras il partira n. partirons v. partirez ils partiront
㉛ **payer** payant payé	je paie [pɛ] tu paies il paie n. payons v. payez ils paient - - - - - - je paye [pɛj] tu payes il paye n. payons v. payez ils payent	je payais tu payais il payait n. payions v. payiez ils payaient	je payai tu payas il paya n. payâmes v. payâtes ils payèrent	je paierai tu paieras il paiera n. paierons v. paierez ils paieront - - - - - - je payerai tu payeras il payera n. payerons v. payerez ils payeront
㉜ **placer** plaçant placé	je place tu places il place n. plaçons v. placez ils placent	je plaçais tu plaçais il plaçait n. placions v. placiez ils plaçaient	je plaçai tu plaças il plaça n. plaçâmes v. plaçâtes ils placèrent	je placerai tu placeras il placera n. placerons v. placerez ils placeront
㉝ **plaire** plaisant plu	je plais tu plais il plaît n. plaisons v. plaisez ils plaisent	je plaisais tu plaisais il plaisait n. plaisions v. plaisiez ils plaisaient	je plus tu plus il plut n. plûmes v. plûtes ils plurent	je plairai tu plairas il plaira n. plairons v. plairez ils plairont
㉞ **pleuvoir** pleuvant plu	il pleut	il pleuvait	il plut	il pleuvra

条件法	接続法		命令法	同型
現在	現在	半過去		
je naîtrais tu naîtrais il naîtrait n. naîtrions v. naîtriez ils naîtraient	je naisse tu naisses il naisse n. naissions v. naissiez ils naissent	je na**qu**isse tu na**qu**isses il na**qu**ît n. na**qu**issions v. na**qu**issiez ils na**qu**issent	nais naissons naissez	
j' ouvrirais tu ouvrirais il ouvrirait n. ouvririons v. ouvririez ils ouvriraient	j' ouvre tu ouvres il ouvre n. ouvrions v. ouvriez ils ouvrent	j' ouvrisse tu ouvrisses il ouvrît n. ouvrissions v. ouvrissiez ils ouvrissent	ouvr**e** ouvrons ouvrez	couvrir découvrir offrir souffrir
je partirais tu partirais il partirait n. partirions v. partiriez ils partiraient	je parte tu partes il parte n. partions v. partiez ils partent	je partisse tu partisses il partît n. partissions v. partissiez ils partissent	pars partons partez	dormir ressortir sentir servir sortir
je paierais tu paierais il paierait n. paierions v. paieriez ils paieraient	je paie tu paies il paie n. payions v. payiez ils paient	je payasse tu payasses il payât n. payassions v. payassiez ils payassent	paie payons payez	effrayer essayer
je payerais tu payerais il payerait n. payerions v. payeriez ils payeraient	je paye tu payes il paye n. payions v. payiez ils payent		paye payons payez	
je placerais tu placerais il placerait n. placerions v. placeriez ils placeraient	je place tu places il place n. placions v. placiez ils placent	je plaçasse tu plaçasses il plaçât n. plaçassions v. plaçassiez ils plaçassent	place plaçons placez	annoncer avancer commencer forcer lancer prononcer
je plairais tu plairais il plairait n. plairions v. plairiez ils plairaient	je plaise tu plaises il plaise n. plaisions v. plaisiez ils plaisent	je plusse tu plusses il plût n. plussions v. plussiez ils plussent	plais plaisons plaisez	complaire déplaire (se) taire 注 過去分詞 plu は不変
il pleuvrait	il pleuve	il plût		

不定法 現在分詞 過去分詞	直説法			
	現在	半過去	単純過去	単純未来
㉟ **pouvoir** pouvant pu	je peux (puis) tu peux il peut n. pouvons v. pouvez ils peuvent	je pouvais tu pouvais il pouvait n. pouvions v. pouviez ils pouvaient	je pus tu pus il put n. pûmes v. pûtes ils purent	je pourrai tu pourras il pourra n. pourrons v. pourrez ils pourront
㊱ **préférer** préférant préféré	je préfère tu préfères il préfère n. préférons v. préférez ils préfèrent	je préférais tu préférais il préférait n. préférions v. préfériez ils préféraient	je préférai tu préféras il préféra n. préférâmes v. préférâtes ils préférèrent	je préférerai tu préféreras il préférera n. préférerons v. préférerez ils préféreront
㊲ **prendre** prenant pris	je prends tu prends il prend n. prenons v. prenez ils prennent	je prenais tu prenais il prenait n. prenions v. preniez ils prenaient	je pris tu pris il prit n. prîmes v. prîtes ils prirent	je prendrai tu prendras il prendra n. prendrons v. prendrez ils prendront
㊳ **recevoir** recevant reçu	je reçois tu reçois il reçoit n. recevons v. recevez ils reçoivent	je recevais tu recevais il recevait n. recevions v. receviez ils recevaient	je reçus tu reçus il reçut n. reçûmes v. reçûtes ils reçurent	je recevrai tu recevras il recevra n. recevrons v. recevrez ils recevront
㊴ **rendre** rendant rendu	je rends tu rends il rend n. rendons v. rendez ils rendent	je rendais tu rendais il rendait n. rendions v. rendiez ils rendaient	je rendis tu rendis il rendit n. rendîmes v. rendîtes ils rendirent	je rendrai tu rendras il rendra n. rendrons v. rendrez ils rendront
㊵ **résoudre** résolvant résolu	je résous tu résous il résout n. résolvons v. résolvez ils résolvent	je résolvais tu résolvais il résolvait n. résolvions v. résolviez ils résolvaient	je résolus tu résolus il résolut n. résolûmes v. résolûtes ils résolurent	je résoudrai tu résoudras il résoudra n. résoudrons v. résoudrez ils résoudront
㊶ **rire** riant ri	je ris tu ris il rit n. rions v. riez ils rient	je riais tu riais il riait n. riions v. riiez ils riaient	je ris tu ris il rit n. rîmes v. rîtes ils rirent	je rirai tu riras il rira n. rirons v. rirez ils riront
㊷ **savoir** sachant su	je sais tu sais il sait n. savons v. savez ils savent	je savais tu savais il savait n. savions v. saviez ils savaient	je sus tu sus il sut n. sûmes v. sûtes ils surent	je saurai tu sauras il saura n. saurons v. saurez ils sauront

条件法	接続法		命令法	同型
現在	現在	半過去		
je pourrais tu pourrais il pourrait n. pourrions v. pourriez ils pourraient	je puisse tu puisses il puisse n. puissions v. puissiez ils puissent	je pusse tu pusses il pût n. pussions v. pussiez ils pussent		
je préférerais tu préférerais il préférerait n. préférerions v. préféreriez ils préféreraient	je préf**è**re tu préf**è**res il préf**è**re n. préférions v. préfériez ils préf**è**rent	je préférasse tu préférasses il préférât n. préférassions v. préférassiez ils préférassent	préf**è**re préférons préférez	céder considérer espérer pénétrer posséder répéter
je prendrais tu prendrais il prendrait n. prendrions v. prendriez ils prendraient	je prenne tu prennes il prenne n. prenions v. preniez ils prennent	je prisse tu prisses il prît n. prissions v. prissiez ils prissent	prends prenons prenez	apprendre comprendre entreprendre reprendre surprendre
je recevrais tu recevrais il recevrait n. recevrions v. recevriez ils recevraient	je re**ç**oive tu re**ç**oives il re**ç**oive n. recevions v. receviez ils re**ç**oivent	je re**ç**usse tu re**ç**usses il re**ç**ût n. re**ç**ussions v. re**ç**ussiez ils re**ç**ussent	re**ç**ois recevons recevez	apercevoir concevoir décevoir
je rendrais tu rendrais il rendrait n. rendrions v. rendriez ils rendraient	je rende tu rendes il rende n. rendions v. rendiez ils rendent	je rendisse tu rendisses il rendît n. rendissions v. rendissiez ils rendissent	rends rendons rendez	attendre descendre entendre perdre répondre vendre
je résoudrais tu résoudrais il résoudrait n. résoudrions v. résoudriez ils résoudraient	je résolve tu résolves il résolve n. résolvions v. résolviez ils résolvent	je résolusse tu résolusses il résolût n. résolussions v. résolussiez ils résolussent	résous résolvons résolvez	
je rirais tu rirais il rirait n. ririons v. ririez ils riraient	je rie tu ries il rie n. riions v. riiez ils rient	je risse tu risses il rît n. rissions v. rissiez ils rissent	ris rions riez	sourire 注 過去分詞 ri は不変
je saurais tu saurais il saurait n. saurions v. sauriez ils sauraient	je sache tu saches il sache n. sachions v. sachiez ils sachent	je susse tu susses il sût n. sussions v. sussiez ils sussent	sache sachons sachez	

不定法 現在分詞 過去分詞	直説法			
	現在	半過去	単純過去	単純未来
43 **suffire** suffisant suffi	je suffis tu suffis il suffit n. suffisons v. suffisez ils suffisent	je suffisais tu suffisais il suffisait n. suffisions v. suffisiez ils suffisaient	je suffis tu suffis il suffit n. suffîmes v. suffîtes ils suffirent	je suffirai tu suffiras il suffira n. suffirons v. suffirez ils suffiront
44 **suivre** suivant suivi	je suis tu suis il suit n. suivons v. suivez ils suivent	je suivais tu suivais il suivait n. suivions v. suiviez ils suivaient	je suivis tu suivis il suivit n. suivîmes v. suivîtes ils suivirent	je suivrai tu suivras il suivra n. suivrons v. suivrez ils suivront
45 **vaincre** vainquant vaincu	je vaincs tu vaincs il vainc n. vainquons v. vainquez ils vainquent	je vainquais tu vainquais il vainquait n. vainquions v. vainquiez ils vainquaient	je vainquis tu vainquis il vainquit n. vainquîmes v. vainquîtes ils vainquirent	je vaincrai tu vaincras il vaincra n. vaincrons v. vaincrez ils vaincront
46 **valoir** valant valu	je vaux tu vaux il vaut n. valons v. valez ils valent	je valais tu valais il valait n. valions v. valiez ils valaient	je valus tu valus il valut n. valûmes v. valûtes ils valurent	je vaudrai tu vaudras il vaudra n. vaudrons v. vaudrez ils vaudront
47 **venir** venant venu	je viens tu viens il vient n. venons v. venez ils viennent	je venais tu venais il venait n. venions v. veniez ils venaient	je vins tu vins il vint n. vînmes v. vîntes ils vinrent	je viendrai tu viendras il viendra n. viendrons v. viendrez ils viendront
48 **vivre** vivant vécu	je vis tu vis il vit n. vivons v. vivez ils vivent	je vivais tu vivais il vivait n. vivions v. viviez ils vivaient	je vécus tu vécus il vécut n. vécûmes v. vécûtes ils vécurent	je vivrai tu vivras il vivra n. vivrons v. vivrez ils vivront
49 **voir** voyant vu	je vois tu vois il voit n. voyons v. voyez ils voient	je voyais tu voyais il voyait n. voyions v. voyiez ils voyaient	je vis tu vis il vit n. vîmes v. vîtes ils virent	je verrai tu verras il verra n. verrons v. verrez ils verront
50 **vouloir** voulant voulu	je veux tu veux il veut n. voulons v. voulez ils veulent	je voulais tu voulais il voulait n. voulions v. vouliez ils voulaient	je voulus tu voulus il voulut n. voulûmes v. voulûtes ils voulurent	je voudrai tu voudras il voudra n. voudrons v. voudrez ils voudront

条件法	接続法		命令法	同型
現在	現在	半過去		
je suffirais tu suffirais il suffirait n. suffirions v. suffiriez ils suffiraient	je suffise tu suffises il suffise n. suffisions v. suffisiez ils suffisent	je suffisse tu suffisses il suffît n. suffissions v. suffissiez ils suffissent	suffis suffisons suffisez	注 過去分詞 suffi は不変
je suivrais tu suivrais il suivrait n. suivrions v. suivriez ils suivraient	je suive tu suives il suive n. suivions v. suiviez ils suivent	je suivisse tu suivisses il suivît n. suivissions v. suivissiez ils suivissent	suis suivons suivez	poursuivre
je vaincrais tu vaincrais il vaincrait n. vaincrions v. vaincriez ils vaincraient	je vainque tu vainques il vainque n. vainquions v. vainquiez ils vainquent	je vainquisse tu vainquisses il vainquît n. vainquissions v. vainquissiez ils vainquissent	vaincs vainquons vainquez	convaincre
je vaudrais tu vaudrais il vaudrait n. vaudrions v. vaudriez ils vaudraient	je vaille tu vailles il vaille n. valions v. valiez ils vaillent	je valusse tu valusses il valût n. valussions v. valussiez ils valussent		
je viendrais tu viendrais il viendrait n. viendrions v. viendriez ils viendraient	je vienne tu viennes il vienne n. venions v. veniez ils viennent	je vinsse tu vinsses il vînt n. vinssions v. vinssiez ils vinssent	viens venons venez	appartenir devenir obtenir revenir (se) souvenir tenir
je vivrais tu vivrais il vivrait n. vivrions v. vivriez ils vivraient	je vive tu vives il vive n. vivions v. viviez ils vivent	je vécusse tu vécusses il vécût n. vécussions v. vécussiez ils vécussent	vis vivons vivez	survivre
je verrais tu verrais il verrait n. verrions v. verriez ils verraient	je voie tu voies il voie n. voyions v. voyiez ils voient	je visse tu visses il vît n. vissions v. vissiez ils vissent	vois voyons voyez	entrevoir revoir
je voudrais tu voudrais il voudrait n. voudrions v. voudriez ils voudraient	je veuille tu veuilles il veuille n. voulions v. vouliez ils veuillent	je voulusse tu voulusses il voulût n. voulussions v. voulussiez ils voulussent	veuille veuillons veuillez	

◆ 動詞変化に関する注意

不定法
-er
-ir
-re
-oir

現在分詞
-ant

	直説法現在		直・半過去	直・単純未来	条・現在
je	**-e**	**-s**	**-ais**	**-rai**	**-rais**
tu	**-es**	**-s**	**-ais**	**-ras**	**-rais**
il	**-e**	**-t**	**-ait**	**-ra**	**-rait**
nous	**-ons**		**-ions**	**-rons**	**-rions**
vous	**-ez**		**-iez**	**-rez**	**-riez**
ils	**-ent**		**-aient**	**-ront**	**-raient**

	直・単純過去			接・現在	接・半過去	命令法	
je	**-ai**	**-is**	**-us**	**-e**	**-sse**		
tu	**-as**	**-is**	**-us**	**-es**	**-sses**	**-e**	**-s**
il	**-a**	**-it**	**-ut**	**-e**	**ˆt**		
nous	**-âmes**	**-îmes**	**-ûmes**	**-ions**	**-ssions**	**-ons**	
vous	**-âtes**	**-îtes**	**-ûtes**	**-iez**	**-ssiez**	**-ez**	
ils	**-èrent**	**-irent**	**-urent**	**-ent**	**-ssent**		

〔複合時制〕

直　説　法	条　件　法
複合過去（助動詞の直・現在＋過去分詞）	過　去（助動詞の条・現在＋過去分詞）
大 過 去（助動詞の直・半過去＋過去分詞）	接　続　法
前 過 去（助動詞の直・単純過去＋過去分詞）	過　去（助動詞の接・現在＋過去分詞）
前 未 来（助動詞の直・単純未来＋過去分詞）	大過去（助動詞の接・半過去＋過去分詞）

* **現在分詞**は，通常，直説法・現在 1 人称複数の語尾 -ons を -ant に変えて作ることができる．(nous connaissons → connaissant)
* **直説法・半過去**の 1 人称単数は，通常，直説法・現在 1 人称複数の語尾 -ons を -ais に変えて作ることができる．(nous buvons → je buvais)
* **直説法・単純未来**と**条件法・現在**は，通常，不定法から作ることができる．
  (単純未来：　aimer → j'aimerai　　finir → je finirai　　écrire → j'écrirai)
  ただし，-oir 型動詞の語幹は不規則．(pouvoir → je pourrai　　savoir → je saurai)
* **接続法・現在**の 1 人称単数は，通常，直説法・現在 3 人称複数の語尾 -ent を -e に変えて作ることができる．(ils finissent → je finisse)
* **命令法**は，直説法・現在の 2 人称単数，1 人称複数，2 人称複数から，それぞれの主語 tu, nous, vous を取って作ることができる．(ただし，tu -es → -e　　tu vas → va)
  avoir, être, savoir, vouloir の命令法は接続法・現在から作る．